高铁网络
与中国区域经济的协调发展

A Study on the Coordinated Development of China's High Speed Railway Network and Reginal Economy

钟昌标 张梦婷 著

中国财经出版传媒集团
经济科学出版社
Economic Science Press

图书在版编目（CIP）数据

高铁网络与中国区域经济的协调发展/钟昌标，张梦婷著．
—北京：经济科学出版社，2020.3
ISBN 978－7－5218－1355－5

Ⅰ.①高… Ⅱ.①钟… ②张… Ⅲ.①高速铁路－铁路网－影响－区域经济发展－协调发展－研究－中国 Ⅳ.①F127

中国版本图书馆 CIP 数据核字（2020）第 036436 号

责任编辑：杨　洋
责任校对：蒋子明
责任印制：范　艳

高铁网络与中国区域经济的协调发展
钟昌标　张梦婷　著
经济科学出版社出版、发行　新华书店经销
社址：北京市海淀区阜成路甲 28 号　邮编：100142
总编部电话：010－88191217　发行部电话：010－88191522
网址：www.esp.com.cn
电子邮箱：esp@esp.com.cn
天猫网店：经济科学出版社旗舰店
网址：http://jjkxcbs.tmall.com
北京季蜂印刷有限公司印装
710×1000　16 开　11.5 印张　200000 字
2020 年 5 月第 1 版　2020 年 5 月第 1 次印刷
ISBN 978－7－5218－1355－5　定价：45.00 元
（图书出现印装问题，本社负责调换。电话：010－88191510）

前 言 / Preface

新时代中国高铁已经成为中国发展、中国成就、中国价值的一张独特而靓丽的“名片”。中国区域协调发展成为新时代的国家战略，高铁不仅改变了区域之间的通行便利，事实上还调节了区域之间的协调发展水平。长期以来，中国由于地形复杂，区域经济发展水平差异巨大，存在不同程度地区分割。改革开放后的几十年，我国采用差别化试点的区域发展激励政策，东南和东部沿海地区率先发展，在因果累积效应下，其快速发展惯性一直延续至今。然而，我们走的是有中国特色的社会主义道路，实现全国人民的共同富裕是基本目标，交通基础设施作为一国发展水平的重要标志，也是不同区域公共产品的均衡化发展的重要体现。高铁不仅改变了我国长期存在的跨区域人、物流动的难题，更为重要的是一定程度上突破了地区分割，为实现地区间的协调发展奠定了物质基础。

我们团队长期关注大国的地区分割对规模经济的影响、关注地区分割对国际竞争力的影响。随着我国从高速增长向高质量增长大环境的转变，我们开始关注高铁等基础设施如何影响区域内和区域间的产业布局和竞争力。亚当·斯密证明社会进步的程度和国家贫富的差别都是由分工的发展状况决定的，市场大小影响分工的深度，高铁网络的建设正是通过扩大市场范围影响分工的广度和深度。

在以上大的背景下，我们着手撰写此书。由于把高铁发展与区域协调发展两个大的概念融合到一起还是第一次，而且直接可用的证据、数据比较少，再加上对此问题的认识还要时间验证，当然，我们的水平有限是影响我们研究质量的主要原因，我们更加渴望关注此问题的学者、政府官员提出批评，共同把此问题研究的更透彻。

钟昌标　张梦婷

2019 年 8 月

目　录 / Contents

第1章　导　论

“要想富，先修路”。高速铁路（以下简称“高铁”）是20世纪下半叶最主要的技术创新之一，它显著地提高了人员在空间的流动速度、压缩了区域间的时空距离。中国自2008年建成通车了第一条高铁线路，此后的十余年间，高铁的发展速度和建设规模取得了举世瞩目的成就，无论是通车里程还是在建规模都无可争议地成为头号高铁大国。2008~2017年《中国铁道年鉴》及各地级城市《统计年鉴》数据显示，截至2017年底，中国的高铁网络已经覆盖超过全国57%的城市，根据《铁路中长期规划》所阐述的，在“十三五”期间（2016~2010年）还将进一步提高在中西部地区的高铁覆盖率，日益完善的中国高铁网络对经济社会发展产生越来越显著的影响，成为中国“走出去”的金名片之一。习近平总书记在党的十九大报告中指出，中国特色社会主义进入新时代，我国社会的主要矛盾是人民日益增长的美好生活需要和不平衡不充分的发展之间的矛盾，提出中国区域经济协调发展，成为新常态下亟待思考和设计解决方案的重要问题。本书主要尝试从中国高铁网络发展引致区域间经济往来成本，特别是引起要素流动性变化的视角，分析其对中国区域协调发展的影响，通过系统梳理二者的发展脉络与影响分析，探讨二者之间的内在逻辑机制以及中国区域协调发展实现机制。本章为研究的导论，主要介绍本书的研究背景、目的、既有相关研究现状及探究的基本思路与技术路线等。

1.1 研究背景与目的

1.1.1 研究背景

交通运输业是国民经济的基础性产业，是经济和社会各项事业发展的重要支撑和保障，它把社会生产、分配、交换与消费各个环节有机地联系起来，是保证经济活动得以正常进行和发展的前提条件（董大朋，2010）。通过极大地提高运输能力和工作质量，交通运输能改善各经济区之间的运输联系，安全迅速、经济合理地组织旅客和货物运输，最大限度地满足社会和经济发展对运输的需求。交通运输的发展极大地促进了生产力水平的提高，扩大了人类活动的空间范围，改变了生产力布局的空间形式和格局。交通运输的发展是区域经济发展的先决条件，它的改善可以通过提高生产要素的效益，进而反映在生产函数中，从而影响区域经济的发展。

从2008年中国大陆首条高铁线路的开通运营至今，中国的高铁建设是近十余年间交通运输领域的重大革新。高铁建设旨在连通省会城市和其他50万人口以上中大城市，形成相邻大中城市间1~4小时经济圈。“十二五”期间，中国高铁投资总计18750亿元人民币（折合为2750亿美元）。从2004年的“四横四纵”到2015年的“八横八纵”，中国高铁规划从起初的“2010年建成5000公里”激增到“2025年完成3.8万公里高速铁路建设”。中国的高速铁路，从无到有、再到成为世界上高速铁路运营里程最长、在建规模最大的国家，在极短的时间内创造了奇迹。高铁把中国各大城市拉进了一张世界最大的高铁网，让更多旅客的出行方式和生活体验发生了巨大的转变。在2014年我国超越日本成为东亚地区，甚至是世界上，高铁网运输能力最强的国家（World Bank，2014）。截至2016年底，中国高铁总运营里程超过2.2万公里，已超过世界上其他所有国家的总和（占世界高铁总里程的60%以上），覆盖了177个地级城市（约占全国城市的53%），在国内基本形成了“八横八纵”的网络格局。因此，探究高铁的经济效益具有重要的理论价值和现实意义。

改革开放以来，我国经济快速发展，各地区经济都实现了较快的增长，但同时也打破了原有计划经济的均衡增长模式。由于发展起点的差异、自然和社会经济环境方面的差异以及所采取的不同发展战略，各地区经济增长速度表现出较大的不同，这使得地区发展的差距呈现出扩大的趋势。鼓励部分地区先发展先富裕，先富地区带动后富地区，最终实现共同富裕的创新型发展模式无疑极大地促进了整体经济的复苏和繁荣，尤其是东部地区凭借着港口区域和政策红利等优势，率先加入全球价值链，经济得到了快速发展，但这种非均衡的发展模型随着发展步伐的推进，其资源错配和区域间福利水平严重失衡等弊端日益显现。2015年10月，党的十八届五中全会明确提出要“推动区域协调发展，塑造要素有序自由流动、主体功能约束有效、基本公共服务均等、资源环境可承载的区域协调发展新格局”。调整区域经济发展的失衡，重塑经济空间地理格局已经成为我国现阶段经济发展所面临的难题之一。2017年，习近平同志在党的十九大报告中强调，中国特色社会主义进入新时代，我国社会主要矛盾是人民日益增长的美好生活需要和不平衡不充分的发展之间的矛盾，区域协调发展这一历史性课题亟待得到解答。

中国市场分割的现实和统一市场的建设思路给了我们十分有益的启示。中国作为世界上最大的发展中国家，在过去几十年间经济迅猛发展，然而从20世纪90年代至今，关于经济增长的可持续性问题一直充满争议。由于土地、劳动力等要素价格的持续上升，传统成本优势的逐渐丢失是最为显著的现象之一，“外贸形势复杂严峻、下行压力大”更是可持续发展讨论中绕不开的议题。2008年之后因为内需不足导致的经济增长乏力、收入分配差距拉大、产业结构一直未能实现优化、增长仍然依靠投资拉动等宏观经济问题的凸显，使中国政府认识到了要素市场扭曲的危害，因而在党的十八届三中全会上明确提出“全面深化改革”和“使市场在资源配置中起决定性作用”等应对举措，旨在加快一体化市场的建立以保持国际竞争力。

“要想富，先修路”。交通基础设施常被誉为“经济的助推器”，因为地区间的经济交往成本降低往往会对市场统一和提升大国竞争力有着直接且显著的影响。也正因如此，新中国成立以来，特别是改革开放以来，交通基础设施建设在财政支出中始终占据着很高的比重，“十二五”期间，中国交通运输基础设施累计完成投资13.4万亿元人民币，是“十一五”期间的1.6倍[①]。从发展规划的制定层级和称谓上来看，“十五”期间关于交通的规划还停留于专项规划阶段，到了“十一五”和“十二五”期间已经发展为正式的“综合交通规划”，再到“十三五”国家出台的规划为“现代综合交通运输体系”。随着交通基础设施不断地完善，现代综合交通运输体系日益成熟，那么中国规模如此巨大且日趋完善的交通网络能否有效发挥促进区域经济协调发展的作用？

区域协调发展的实质是落后地区能追赶上发达地区，从经济增长的角度来看，区域协调发展属于趋同研究的范畴（徐现祥和李郇，2005）。我国各地区间长期以来普遍存在的“以邻为壑”的市场分割是当前优化经济发展空间格局的重要障碍，一般认为，交通基础设施建设的加强，能够降低生产要素的流动成本，有利于资源的有效配置和资金、技术、人才的合理流动，促进地区的分工程度，避免“大而全”“小而全”[②]和重复引进、重复建设所带来的资源使用的低效益和无谓浪费（李善同和冯杰，2002），提高全局的经济效益。再者，尽管地方保护主义并不是由基础设施建设滞后引起的，但区域间交通基础设施通道的建设，能有效地加强地区间的往来，为交流和竞争创造条件，从而对地方保护形成压力，有利于消除地区壁垒，建立全国统一市场。换言之，随着技术水平的不断提升，交通基础设施网络的不断完善对制度性因素如地方保护主义等导致的以邻

---

① 《国务院关于印发“十三五”现代综合交通运输体系发展规划的通知》，2017年2月3日。

② 方度. 解决经济建设中“大而全、小而全”和盲目重复建设问题的研究［J］. 宏观经济管理，1997（1）：8-12.

为壑的地区间市场分割现象带来了显著的外生冲击，将为国内市场一体化程度的提升和区域协调发展带来显著且长期的重要影响。

1.1.2　研究目的

2020年实现全面建成小康社会的宏伟目标，必然离不了也绕不开增强经济发展的平衡性和协调性。我国是典型的幅员辽阔、内部市场分割的非均质大国，审视区域经济协调发展的特征事实与现实基础，寻找促进国内市场优化整合的路径和内生动力，是提高区域经济平衡发展、促进经济空间协调优化的重要解决方案设计逻辑。中国高铁在十年间得到了迅猛发展。高铁的开通运营能够很好地满足区域要素流动的需求，有利于带动各地区经济增长，缩短区域间差距。中国高铁的飞速发展，极大地完善了国内交通网络，为经济发展打开了新局面。

基于上述理论和实践发展背景，本书旨在探究和揭示高铁这一新型交通基础设施对中国区域经济协调发展的影响效力及作用机制，试图通过探讨高铁对中国区域经济协调发展影响的一般规律和作用机理，为区域经济的协调发展提供政策建议。在理论上，验证“交通领域的技术进步对打破地方保护主义等制度原因导致的市场分割、促进统一市场的形成，进而促进区域经济的协调发展”的理论假说，即技术进步对制度的替代作用。在实践上，为新形势下的经济发展，提供基于要素空间流动成本下降视角下的区域协调机制设计与政策研究启示。

1.2　相关研究回顾

1.2.1　交通对区域经济发展的影响研究

交通运输业是国民经济的基础性产业，是经济和社会各项事业发展的重要支撑和保障。交通运输的发展极大地促进了生产力水平的提高，扩大了要素流动的空间范围，进而改变生产力和生产要素的空间集聚程度和格局，因而交通运输与区域经济发展之间的关系一直是经济学、地理学领域的重要内容。

交通基础设施建设是区域经济发展的重要前提之一，它的重要性往往通过集聚产出和全要素生产率的差异反映于地区的生产函数中，进而对区域经济发展产生影响（董大朋，2010）。“要想富，先修路”早已成为广大民众和社会各界较为认可和接受的共识。具体而言，交通基础设施的发展对区域经济的影响渠道包括：其一，减少人员空间流动的成本，如通勤时间的缩短，这会有效地促进信息的交流和知识的溢出，并由此促使经济要素生产效率的改进和提升。其二，地区交通基础设施条件的改善会便利资源的流入，对地区而言降低了生产要素的投入成本以及交易成本，资源消耗的减少不仅有利于环境的改善，也会使生产的经济效益显著提高，促进地区产业结构的调整优化等。

从古典的农业区域理论开始，经济学家和地理学家就已经开始了关于交通基础设施与区域经济发展关系的探究，将运输成本作为区位距离的代理变量，分析和讨论运输成本对产业空间布局的影响与演进规律。图恩（Tunen，1826）最早关注到运输费用对区位的影响，提出了农业区位论。拉纳德（Launhadr，1882）和韦伯（Weber，1909）强调了运输成本在工业区域决策中的显著影响，运输费用上的优势会在吸引工业企业上体现，运费越低吸引力越强。萨缪尔森（Samuelson，1952）采用非线性规划的方法考察市场的空间均衡问题，提出了位于需求区位的消费者剩余与生产和运输成本之差的最大值。迪克西特和施蒂格利茨（Dixit & Stiglitz，1977）构建了垄断竞争新经济地理模型，由此奠定了将空间因素纳入主流经济学分析框架的基础，对交通基础设施与区域经济发展关系在不完全竞争和规模报酬递增设定下的认识取得了重要的进展。克鲁格曼（Krugman，1991）进一步拓展了新经济地理学将“空间”引入贸易模型中的分析范式，所构建的不完全竞争市场结构下的规模报酬递增模型为经济规模与生产活动的空间集聚提供了十分经典的分析框架。区域经济学中非常经典的“中心—外围”模型在此基础上进一步描述了规模经济、运输成本与经济集聚形成的理论机制。可以说，新经济地理学将空间因素以“运输成本”的形式予以量化，并将其纳入到了一般经济学的分析框架之内。

国内关于交通基础设施的经济效应研究始于20世纪50年代，但是在较长时间内仅限于对交通布局和运输组织等方面的协调性研究。这种情况直至20世纪80年代，在交通基础设施建设与经济发展步调出现显著不协调后，交通制约力的不断凸显引起了政策制定者和学界的广泛关注，因而交通运输与区域经济发展之间的关系研究顺应时势地成了相关领域的热点问题。张文尝等（1990）较早采用定量的方法构建指标评价体系分析中国客运和货运的空间分布特点和交流特征，从提升经济效应的角度就运输网络布局和运力供给提出改进建议。王庆云（2002）紧密结合我国的发展实践，系统讨论了交通基础设施建设与发展的互动问题，提出了一个考虑交通运输供给与需求、协调、竞争、效率和公平等多因素的中国交通发展研究的理论框架。20世纪80～90年代，在国内交通基础设施建设投资滞后而导致发展缓慢或倍受制约的情况下，学者们慢慢在行业层面展开了交通运输发展的适应性概念研究（张风波，1987；张宁和张国强等，2006）。到了90年代，国内的研究开始关注运输发展形态的趋势分析。如陆大道（1995）提出了“点—轴渐进式扩散”和“点—轴空间结构系统开发理论”，并指出沿着重要线状交通基础设施的地带，其社会经济实力和开发潜力显著高于其他地带，也更有利于基础设施与产业布局之间的最佳空间结合。厉以宁（2000）也认为构建交通干线有助于增强相对发达的富裕地区向相对落后的贫困地区的经济辐射，助推梯度发展战略，最终解决区域发展不平衡和贫困的问题。韩彪（2001）将现代运输业发展分为渐变式和剧变式，二者交替出现形成脉冲式的发展形态。王庆云（2003）梳理了交通运输发展与经济增长之间在时间维度和空间维度的耦合关系。

20世纪90年代以来，中国国内高速公路的快速发展为陆路交通基础设施研究提供了契机，与此同时，显著改进和发展的实证计量技术也为研究提供了更大的空间。任启平和成才（2004）研究认为交通基础设施是东北地区区域间联系的重要纽带与桥梁，更是要素在区域间流动的载体和保障。张楠楠和徐逸伦（2005）以高速公路为例，从区域交通系统、经济系统和区域空间等角度对交通基础设施影响区域发展进行了讨论。刘雪莲（2009）分析发现金甬铁路（宁波—义乌）显著的利于周边地区城市综合交通体系的构建，进一步发挥枢纽功能、增强城市的经济辐射力，促进经济集聚和产业的空间布局，进而对经济的可持续发展具有重要影响。

1.2.2　高铁对区域经济发展的影响研究

高铁的开通运营能够很好地满足区域要素流动的需求，有利于带动各地区经济增长，缩短区域间差距。随着高铁建设的不断发展，国外学者对高铁进行了较为系统和深入的研究。日本、法国、德国在高铁建设方面取得了巨大成就，为其他国家的高铁建设提供了宝贵经验。

高铁显著改善了区域可达性。高铁运行速度快、客运运能大，极大地拉近了区域间的时空距离，提高了城市间的可达性和经济联系。小林（Kobayashi，1997）和布卢姆等（Blum et al.，1997）从提高区域可达性的视角展开研究，认为高铁改善了区域之间的交通，加强了区域间联系，提升了区域的可达性。维克曼（Vickerman，1997）认为高铁极大缩短了欧洲核心区内重要城市间的时间距离，增强了欧洲的一体化和竞争力。布卢姆等（1997）认为高铁沿线各个节点城市被连接在一起，沿线城市成为一个整体，对外围区域具有扩张的作用。古铁雷斯（Gutierrez，2001）发现法国修建高铁（TGV）提高了地区之间的可达性。奥卡达（Okada，1994）发现日本新干线的开通极大缩短了旅客的出行时间，增强了地区之间的可达性。罗鹏飞等（2004）研究发现高铁开通显著提高了沿线地区可达性，并且与开通高铁城市临近的区域亦可从高铁中受益。蒋海兵等

（2010）采用“日常可达性”“潜力值”“加权平均时间”等指标，分析了高铁开通对京沪地区中心城市可达性的影响。孟德友和陆玉麒（2011）发现中国“四纵四横”高铁网络建设有利于协调省内地区间和省际地区间的经济联系与合作。

大量研究发现高铁显著促进了区域经济发展水平。如小林和奥村（Kobayashi & Okumura，1997）提出以铁路线路为轴线，在一定的地理范围内高铁对区域经济的影响呈现出从内向外逐渐递减的模型。佐佐木等（Sasaki et al.，1997）发现日本新干线客流量增长与国内生产总值（GDP）水平显著相关。林奇（Lynch，1998）发现美国佛罗里达州高铁的开通不仅促进了地区经济增长，并且有助于推动文化传播。维克曼（Vickerman，1997）、陈佳林和哈尔（Chen & Hall，2010）及埃利斯（Ellis，2010）分别关注欧洲高铁、英国城际高铁和美国高铁对区域经济的影响，高铁通过提高区域通达性正向影响区域发展。然而，另有研究发现，虽然高铁开通能提高地区间可达性，提升地区竞争条件，但是高铁开通带来的区域发展对不同地区存在差异化影响，可能使主要地区的经济活动更为集中。科多－米兰（Coto－Millan，2007）发现位于欧洲中部的城市与处于国家边缘的城市相比，更能从交通运输条件改善中获益，呈现出由外围向中心集聚的“虹吸效应”。李志刚和徐航天（Li & Xu，2016）基于日本高铁干线的实证研究发现高铁开通对不同行业就业人数呈现出差异化影响，表现为外围区域的服务业就业人数减少了7%，但是制造业就业增加了21%。

关于城市集群、产业布局与区域经济发展的相关研究。陈春阳等（2005）认为高运能的高铁建设能提高旅客运输效率，并建立模型分析高铁对区域产业发展的促进作用。罗平（2007）构建空间引力模型，并以产业分工为理论依据分析客运专线对沿线城市的影响。伍业春（2009）在分析高铁影响城市发展的作用机理的基础上，研究了高铁建设对城市对外扩张效应和城市规模结构产生的影响，并提出政策建议。殷广卫（2011）通过比较中国高铁与发达国家之间的差异，从理论上证明了高铁对城市发展具有促进作用。张俊（2017）基于卫星灯光数据，考察了2008～2013年间高铁开通对县经济发展带来的影响，发现高铁显著促进了高铁开通县级市的经济增长，贡献约为34.64%，主要渠道在于固定资产投资的增加，约增加了37%。但是，对高铁开通县产业结构未产生显著影响。刘勇和李岩（2017）运用2000～2013年280个地级市的面板数据，实证检验了高铁开通对城市经济增长的影响，并着重探讨了高铁开通的时滞效应、空间溢出效应和内生性问题。发现高铁建设不仅带动了本地的经济增长，同时促进了相邻城市的经济增长。

1.2.3 区域经济协调发展的研究

区域经济协调发展是指在一定区域内经济发展的内部因素和外部条件相互作用而产生的生产综合体。理论上来讲，分析区域经济协调就要对决定区域内经济发展的关键因素和区域间经济发展的交互影响过程展开系统的讨论。在明确了决定因素和影响因素的基础之上，分析和判断区域经济结构的形成与演变趋势，进而揭示生产要素的空间配置过程以及经济行为主体的空间经济活动规律。经济收敛理论是现代经济增长理论的重要内容，描述了即使不同地区在资源、区位和发展阶段上有所不同，但欠发达地区的经济会追赶发达地区，最终欠发达地区与发达地区的经济发展水平不断接近的现象。经济收敛的理论基础包括新古典经济增长理论、新经济增长理论和新经济地理学。在不同的历史时期，我国政府基于当时的基本国情和国际形势实行了不同区域经济发展思想和战略，先后以“区域均衡发展”“区域非均衡发展”“区域协调发展”思想指导区域经济发展（武英涛和刘艳苹，2019）。区域协调发展的概念是在国民经济“九五”计划中正式提出的概念。20世纪90年代初，因为改革开放经济社会实现了显著的发展，但与此同时地区间、城乡间收入差距不断扩大的问题日益引起社会各界的广泛关注，区域协调发展战略作为指导性战略因此而出台。孙久文和李恒森（2017）认为我国区域经济发展战略的转变大体分为三个阶段：1979～1998年向沿海倾斜的不平衡发展阶段，1999～2011年区域发展总体战略实施阶段，及2012年以后经济区与经济带相结合的协调发展阶段。国内区域经济协调发展的研究，代表性的观点是中国区域经济在20世纪80年代之前具有全域性的收敛（宋学明，1996；魏后凯，1997；林光平、龙志和吴梅，2006），在90年代中期之后，全域性的收敛特征转为俱乐部收敛（林毅夫和刘培林，2003；董先安，2004；彭国华，2005）或条件收敛（林毅夫和刘明兴，2003）。进入21世纪之后，分地区的协调水平差异变得日益显著（覃成林、郑云峰和张华，2013；霍丽娟和吴晓然，2018）。

优化经济发展格局、协调区域经济发展，首先要打破地区封锁和隔离，全面提高资源配置效率，已有大量研究表明，市场分割是地方政府竞争的理性选择。区域经济协调发展是基于区域经济发展差距过大或失衡等现状而讨论的。艾西莫格鲁和格里瑞丽（Acemoglu & Guerrieri，2008）考察了资本市场对经济发展的影响，发现资本市场的要素比例差异和资本深化导致经济的非平衡增长。徐盈之和吴海明（2010）则从环境约束等自然禀赋差异的视角分析其对区域协调发展的影响，通过测算环境约束下的区域协调发展水平综合效率，观测中国不同地区的协调发展水平动态变化和地区差异。研究结果显示，区域协调的综合效率地区差异明显，东部地区水平最高，西部地区次之而中部地区最低，同时还发现对外直接投资（FDI）对协调区域发展会产生正向影响。范剑勇等（2010）以空间效率为研究视角，探究发现市场潜能对区域协调发展具有重要影响。孙久文（2018）认为，区域协调发展的核心是有效发挥区域优势，正确处理区域关系，形成要素有序自由流动、基本公共服务均等、资源环境可承载的新格局。

国内外学者已经基本达成了制度因素是影响区域经济协调发展的重要因素的共识。制度又进一步被细分为正式制度和非正式制度。其中，正式制度一般包括地区间的合作和竞争、行政分权、晋升激励机制和政府公共品供给等。相关的研究如，布卡维斯凯（Bucovetsky，2005）以纳什均衡分析了公共投入竞争的影响，在基础设施上的公共投资有助于吸引高技能劳动力等生产要素，进而促进经济的集聚发展，因此地区间公共投资的差异不利于经济的发展。巴肯和格雷梅尔达（Buchan & Grimalda，2011）考察了社会差距对合作的影响，分析认为社会差距对个人与他人合作的动机会产生显著影响，在地区间体现为发展联系度的差异。付强和乔岳（2011）认为地方政府由于掌握了主要生产性资源的定价权及分配权，政府竞争对经济增长的促进效应在制度软约束、外向型经济发展和中央政府集权等条件下会更加明显。刘冲等（2014）区分考察行政分权和财政分权对经济增长影响的差异化效果，实证探究结果提示行政分权的外部性为正向的，而财政分权的外部性表现为负向。行政分权吸引了更多新企业进入市场而提高了企业的平均利润率，财政分权则是给地方政府增加了更多的财政收入，这两种形式对经济增长的拉动作用多是通过粗放的拉动投资而实现。贝通（Beton，1998）最早提出了“政府竞争”的概念，他认为政府本质上是具有竞争性的。罗富政等（2015）基于2007～2012年全国31个省级面板数据分析了政府公共品的竞争性对地区经济联系的影响，并进一步检验了不同外部性的公共品供给对经济联系的影响路径差异。研究发现，地区财政支出竞争对省级层面的经济联系的影响呈倒U型，即正外部性公共品的供给会增强经济联系，而负外部性的公共品供给则是负向影响经济联系。崔万田和徐艳（2018）研究认为区域经济创新政策紧随着中国改革开放的进程而变化，产生了推动区域经济由非均衡发展向协调发展的重要作用。

而对于非制度对区域经济的影响分析，既有文献主要是从交易成本的视角切入。如安德森和韦恩库伯（Anderson & Wincoop，2004）系统考察了贸易成本的测度，发现国家之间不同商品的流动在贸易成本上都有显著的差异，这种差异又会进一步体现在经济发展上。德朗和斯多波（Duranton & Storper，2008）发现虽然交通成本得到了明显的降低，但实证分析的结果显示贸易成本却依然在增加。他们通过构建异质性交易成本的行业区位模型，显示了交通成本的降低为何导致了贸易成本的增加。洪联英和罗能生（2007）总结提出，影响交易费用的因素主要在基础设施、交易技术、地理环境以及文化传统四个方面，而基础设施对交易费用的影响主要通过搜寻成本体现。他们将交易费用和文化因素引入一般贸易模型中，从成本角度论述文化对交易成本及贸易效率的影响。罗富政和罗能生（2016）以人们在长期社会交往过程中逐步形成但并未得到社会认可的约定俗成和共同恪守的行为准则（包括价值信念、文化传统和意识形态等）、“非正式制度”歧视为考察视角，分析了地方政府行为对区域经济协调发展的影响。地区间非正式制度上的禀赋差异也是地方政府行为的重要体现之一，基于古诺博弈的理论分析以及广义矩（GMM）估计①的实证分析的结果显示，非正式制度影响下的交易成本差异是影响区域经济协调发展的重要原因所在。

随着研究的不断推进，嵌入全球价值链以及国内价值链等内外向经济发展模型差异对区域协调的反向作用也逐渐引起了学者们的关注。如赵玉奇（2017）指出我国国内各地区外贸水平的显著差异是区域经济收敛或发展的重要诱因和决定因素，研究基于新新贸易理论构建数理模型并采用县市企业的面板数据考察了国内市场分割与企业生产率及其出口的协同影响机制。陈启斐和巫强（2018）关注并考察了双重外包（面向国际市场的“离岸外包”和面向国内市场的“在岸外包”）对区域经济协调发展的影响。以长江经济带为例的实证分析结果显示，离岸外包具有效率型特征，有利于吸收国外先进技术但同时将进一步拉大与周边地区的差距；在岸外包具有典型的公平性特征，即基于国内价值链和整合国内生产资源，提升区域整体的经济发展、协调发展差距。

1.3 基本研究思路及技术路线

本书研究的目的在于探讨高铁对中国区域经济协调发展影响的一般规律和作用机理，为区域经济的协调发展提供政策建设启示。因此，首先，本书对相关概念及理论研究进行梳理和阐述，并力图对相关理论的具体应

① 基于模型实际参数满足一定矩条件而形成的一种参数估计方法，是矩估计方法的一般化。

用进行逻辑分析和解释说明，从而构建二者关系分析的理论基础；其次，对高铁的经济效应及中国区域协调问题做较为系统的描述性统计，对研究对象有更为清晰明确的认识；再次，分别以高铁发展对区域外贸发展、对城乡收入差距以及个人福利效应的影响等方面的实证探究证据展现高铁对区域协调发展的影响。进一步地从生产率维度分析高铁对区域经济协调发展影响的内在机制。最后，基于分析与讨论的结果，总结梳理出研究结论与相关的政策建议与启示。图 1.1 为本书的技术路线，也是全书各章之间构成的简明逻辑关系示意图。

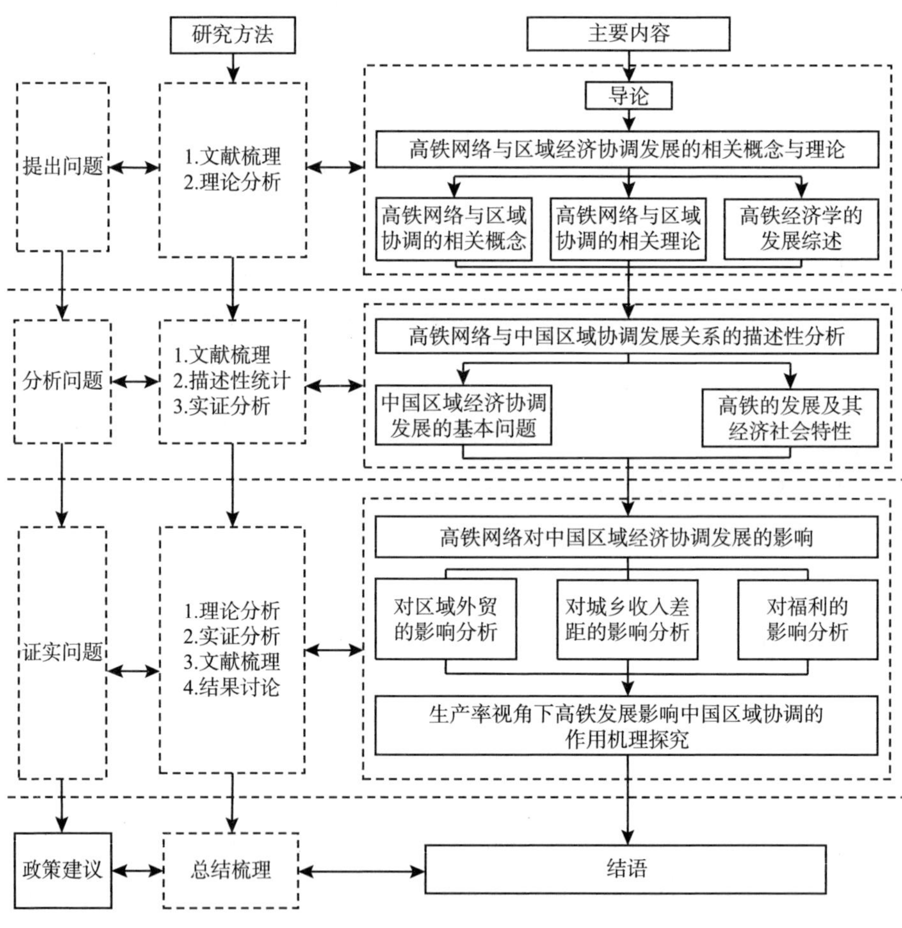

图 1.1　技术路线

第2章　高铁网络与区域经济协调发展的基本概念与理论

要对高铁网络与中国区域协调问题进行系统分析，首先要对高铁和区域协调这两个名词及其相关概念进行界定。本章梳理分析了二者关系中可能涉及的概念、可能采用的经济理论并简单描述可能的分析逻辑。此外，随着高铁的兴起和蓬勃发展，高铁这一新型交通运输方式引致的经济社会效应不断地被识别和评估，高铁的经济效应被系统地概括为“高铁经济学”，为了对高铁的影响和作用传导机制有更为深入的理解和认识，本章还对高铁经济学的发展脉络做了系统回顾梳理与评述。

2.1　高铁网络与区域经济协调发展的基本概念

2.1.1　高铁的定义及相关概念

2.1.1.1　高速铁路

高速铁路通常简称“高铁”，是指与普通铁路相比，在技术上有巨大革新，在交通运输市场上具备竞争力优势的铁路运输服务。因此，高铁不仅体现在运行速度上，也体现在车辆、路轨、信号系统等技术方面的创新提升。

由于交通运输技术的不断发展，各个国家和组织对高铁概念的界定有着不同的标准，至今在世界上仍然未有一致的定义。日本对高速铁路的定义是：列车的最高运行时速达到200公里或以上的铁路；西欧将高速铁路定义为：新建时速达250~300公里，或改造原有线路时速达到200公里的铁路；1985年5月，联合国欧洲经济委员会（United Nations Economic Commission for Europe）将高速铁路的列车最高运行速度规定为：客运专线时速达300公里，客货混线时速达250公里。相对公认的是国际铁路联盟（International Union of Railways，UIC）所制定的标准：高速铁路是指利用改造现有的线路（直线化、轨距标准化），使行驶速度实现200公里/小时以上，包括专门修建新的“高速专线”，使行驶速度实现250公里/小时以上的铁路系统。中国国家铁路局对高铁的定义为：新建设计开行250公里/小时（含预留）及以上动车组列车，初期运营速度不小于200公里/小时的客运专线铁路。与其他运输方式相比，高铁具有高速化、公交化、大运量、全天候、省能源、用地少、密集准点、舒适、效益高等特点。

2.1.1.2 可达性

可达性（accessibility）的概念源于古典区位论，一直沿用至今，起初被应用于评价区位条件的优劣程度，而在古典区位论中仅仅是作为评价区位的一项影响因素而存在。直到1959年，汉森（Hansen）首次提出了可达性的概念，他认为可达性是交通网络各节点相互作用的机会大小。此后，可达性被广泛应用于不同学科和领域，成为研究的热点问题。例如，1995年，我国著名学者陆大道将可达性运用于城市或区域间的资源交换的便利性。无论学者的研究角度如何变化，研究问题如何不同，从其内涵来看，可达性的变化都与交通基础设施条件的改善紧密相关，即交通基础设施的改善直接影响可达性的变化。

关于可达性的含义，一直都比较模糊，因而在界定上存在一定争议性（Pirie，1979；Geertman & Ritsema，1995；Vickerman，1974；Gutiérrez，

2001)。简单地理解，可达性是指一种依靠交通设施，在适当时间到达指定地点的能力，反映了区域之间相互接触进行社会经济和技术交流的机会与潜力。它的高低取决于人的移动性，即人的移动能力和由于移动而到达目的地的机会。而人的移动能力和到达目的地的机会排除人们自身因素外(如身体健康程度、贫富状况等)，直接与采用的交通方式、道路通行能力、交通基础设施的质量、交通网络的完善程度相关。因而评价各区域的可达性水平，一方面可以从空间角度，即某区域在地理空间区位上比其他区域更为靠近某交通设施，因此可达性较高；另一方面从社会经济角度，由于物质基础、资金能力和时间资源等方面不同，临近两区域间即使同处大型交通设施沿线，也将表现出不同的可达性水平。日常可达性是指在一天时间内从某一节点到其他地区进行各种活动（包括办公、旅游、居住等）的程度和数量，可用活动的人流或物流量来度量，也可采用日常最大通行范围来表示（罗鹏飞等，2004)。

2.1.2　区域经济协调发展的内涵及相关概念

学术界对区域经济协调发展这一概念，早在20世纪90年代就已经提出（国务院发展研究中心课题组，1994)。厉以宁（2000）认为在不均衡发展空间格局的情况下，逐渐改进而达到的相对均衡区域经济格局是区域经济协调发展的本质内涵，其中产业分工模式以及地区间利益关系的处理是协调发展的关键所在，同时还要兼顾区域经济的比较优势。曾坤生(2000）从动态的角度提出了区域经济动态协调发展的概念，在承认区域间经济发展不平衡普遍存在和不可避免的条件下，他认为区域经济协调发展是基于各个阶段性发展特征而动态调整区域经济发展重点的过程。彭荣胜（2009）在研究分析中从区域市场之间的开放程度、经济发展差距和经济增长促进路径三个方面对区域经济协调发展进行了定义，从动态的发展来看，区域经济协调发展应当是区域市场开放度逐渐提高、经济联系日益密切、经济发展差距控制在合理范围内，并且区域间经济增长促进路径良性互动的。覃成林（2011）与彭荣胜（2009）关于区域经济协调发展的认识相对一致，即区域经济协调发展是指在区域开放条件下，区域间经济联系度提高，经济互依性增强，经济发展关联互动且正向促进的、差距不断缩小的过程。范恒山（2011）在前人研究的基础上进一步细化描述，从人均 GDP 差距、居民享受的基本公共服务、各区域经济比较优势的有效发挥、区域间经济互联以及人与自然关系五个方面对区域经济协调发展的内涵做了解释说明。

2.2 高铁网络与区域经济协调发展的相关理论

2.2.1 增长极理论

增长极的概念是法国经济学家弗朗索瓦·佩鲁（Francois Perroux）于1955 年在《略论增长极的概念》一文中正式提出的，其后，法国地理学家布代维尔在此基础上提出了“增长中心”的概念。佩鲁认为，如果把发生支配效应的经济空间看作力场，那么位于这个力场中推进性单元就可以描述为增长极。增长极是指具有推动性主导产业和创新行业及其相关产业在地理空间上集聚而形成的经济中心，它不仅能迅速增长，而且能通过不同的渠道向外扩散，通过乘数效应推动其他部门的增长，从而最终对整个经济产生不同的影响。经济发展的主要动力是技术进步与创新。创新集中于那些规模较大、增长速度较快、与其他部门的相互关联效应较强的产业，佩鲁把具有这些特征的产业称之为推进型产业。

布代维尔则定义：增长极是指在城市配置不断扩大的工业综合体，并在影响范围内引导经济活动的进一步发展。布代维尔主张，通过最有效地规划配置增长极并通过其推进工业的机制，来促进区域经济的发展。

佩鲁认为，经济增长极并不可能同时在所有地方出现，而是常常集聚在空间经济的某个点上，然后通过各种方式向外扩散，通过支配效应、乘数效应、极化与扩散效应对区域经济产生作用，从而对整个经济产生影响。高铁研发、制造以及高铁建设中交通枢纽，可以被认为是区域经济增长极，通过后向、前向连锁效应带动区域的发展，有力地推动一国经济的发展，最终实现区域发展的均衡。

2.2.2 “中心—外围”理论

阿根廷经济学家劳尔·普雷维什（R. Prebisch）在 20 世纪 40 年代率先提出了中心—外围理论，最初主要阐明发达国家和发展中国家的中心—外围不平衡体系及其发展模式与政府政策。

20 世纪 60 年代，弗里德曼将中心—外围理论的概念引入区域经济学，认为任何国家的区域系统都是由中心和外围两个子空间构成，资源、市场、技术和环境的区域分布不均衡是客观存在的。当某些区域空间集聚，累积的发展就会形成比其他外围地区更为强大的经济竞争优势，即形成区域经济体系中心。外围（欠发达地区）相对于中心（发达地区）处于依附地位而缺乏经济自主，从而出现空间二元结构，并随时间的推移不断强化。但随着政府的作用和区际人口的迁移，尤其是随着市场的扩大，交通条件改善的城市化进程的加快，中心与外围的界限会逐步消失，区域经济将向一体化方向发展。

2.2.3 新经济地理学理论

传统的主流经济学理论主要从规模报酬不变和完全竞争出发来研究区域经济理论，并且长期缺失空间维度。20 世纪 80 年代以来，随着建模技术的升级，以克鲁格曼、藤田等学者为主要代表的新经济地理学发展迅速。

新经济地理学主要在不完全竞争及规模报酬递增前提下研究区际贸易和区位选择问题，将区域经济学纳入了主流经济学中。通过将迪克西特和斯蒂格利茨建立的 D－S 模型应用于空间分析中、巧妙运用萨缪尔森的“冰山成本”理论以及动态演化方法来解释地理空间中经济活动集聚的现象，进而提出了“中心—边缘”理论（core-periphery theory，也有翻译为“中心—外围”理论）。他们认为，一个经济规模较大的区域，由于前向和后向的联系，会出现一种自我持续的制造业集中的现象，并且运输成本越低，制造业所占份额越大，规模经济越明显，越有利于集聚。在集聚点（城市）的分布上，新经济地理学利用动态多区域模型表明集聚点区域沿地形大概等距离分布。另外，新经济地理学也重新解释了城市层级体系的演化和国际贸易理论，弥补了传统理论的不足。

2.2.4 城市集聚与扩散理论

产业的空间集聚是城市经济最本质的特征之一，它与城镇中各种经济活动形式密切相关的集聚效应，也是不同经济因素的主要互动机制。由于各种各样的聚集使得人类的生产和生活活动向城市集聚，带来了一定的经济效益和规模效益。这种作用是相互，一方面城市逐渐成为某个区域的中心，另一方面在整个区域发展的带动下，城市实现了更大的要素集聚。比较优势不断深化了劳动和内部规模经济社会分工，创造了非农业经济空间集聚的条件，从事经济活动的经济实体大量的集中在一个地方进行生产，从而获得了规模经济。与此同时，为了降低通勤成本，经济主体的员工聚集在一起生活，而最初相关的经济活动甚至被吸引到人群中，造成人口大量的汇集，从而形成了城市。由此看来，集聚效应可以被认为是城市形成、生存、发展和扩展的非常重要基础和动力。在各类要素大量集聚的过程中，第二产业和第三产业不断集聚发展为城市主要产业，城镇人口大量汇集，使得城镇规模不断扩大。

2.2.5 城乡一体化和网络化理论

城乡一体化是指通过对人类自由运动和各类因素的协调，以实现城市和农村作为一个整体的目的，优化城乡体系，合理配置资源的经济一体化和空间一体化，城乡共享现代文明的“自然—空间—人”的制度空间。城乡区域一体化的发展过程是随着农业和非农业的产生，基于城乡之间的动态相互作用使劳动过程和投资主要在市区附近的农业区域合理地配置。在这个过程中，一个大城市开始向周边地区扩展，再到大城市之间的相互扩展，最后是大都市形成后的整体扩张。

城市化发展过程中的高级阶段就是城乡一体化，它最主要的标志就是网络型区域经济体系的形成。从经济学的角度来看，网络经济主体根据区域规划的空间和可靠的网络，并依据某种程度上建筑市场的原理和原则，促进城乡经济社会发展的过程。也是城乡经济、个人或地区之间一个有序的经济活动。城乡网络通过城市和农村经济活动之间有序关联系统和运行，产生了独一无二的网络组织功能效应。

城市和农村形成城乡网络协会和组织的实质是农村与城市之间的产业联系密切，网络基础设施齐全，组织功能完善，元素有效循环，实现了市、镇、村三级维护网络系统的空间环境。

2.3　高铁经济学的发展综述

高铁不仅仅是一个交通概念，由此带来的高铁经济效应，更是一个动态的系统范畴。高铁经济效应既包括了高铁基础设施投资和高速列车及其零部件生产等围绕建设高铁而产生的直接经济活动与经济效应，又包括了由于建设高铁而引发的高铁沿线区域城镇完善综合交通体系、推进产业经济发展等一系列相关的经济活动与经济效应。对于高铁经济效应，学术界较多的是理论上的阐释，诸如同城效应，主要表现为高铁带来的可达性提高和生产要素流动的加速。辐射效应和产业转移与承接效应，主要表现为区域分工的强化、产业集聚的加强、产业结构的变化和城市形象的提升。高铁经济效应还表现为核心城市的集聚效应和对边缘城市的虹吸效应，高铁连接区域的过道效应和对民航、公路、水路等出行方式的冲击效应等。高铁的开通运营能够很好地满足区域要素流动的需求，有利于带动各地区经济增长，缩短区域间差距。随着高铁建设的不断发展，通高铁所带来的区域间联系的显著加深，是地方政府和中央政府在制定政策时都会予以考虑的重要因素，因而高铁经济学日益受到各界的重视。

2.3.1 国外研究进展

首先，高铁显著改善了区域可达性。高铁速度快、运能大，极大地拉近了不同地域之间的距离，扩展了城市空间。大量研究表明，高铁的开通可以提高城市间的可达性，进而增强城市间的经济联系。如维克曼（Vickerman，1995）通过分析高铁网络对欧盟的影响，认为高铁把欧洲核心区的重要城市间的时间距离缩短到4小时以内，所有地区彼此连接，欧洲的整体竞争力有可能提升。古铁雷斯（Gutierrez，1996）研究了欧洲奥苏铁路对区域可达性的潜在影响，证实了高铁可以改善区域内节点城市间的可达性。布卢姆（1997）认为高铁沿线各个节点城市被连接在一起，沿线城市成为一个整体，形成一条交通经济带，对外围区域具有扩张的作用。古铁雷斯和戈麦斯（Gutierrez & Gomez，1996）以出行时间为衡量标准，研究高铁的建设对拉近城市间的时空距离的影响作用，出行所用的时间越短，地区可达性就越高。古铁雷斯（2001）认为法国修建TGV可以提高地区的可达性。埃利斯（Ellis，2010）通过分析客运需求，建立需求预测模型，计算选择高铁出行节约的时间成本，刺激更多的客运需求，进而带动地区经济的发展。奥卡达（Okada H.，1994）通过对日本新干线的研究发现，新干线的开通缩短了旅客的出行时间，增强地区可达性。萧世伦等（Shih - Lung Shaw et al.，2014）通过研究中国高铁四个主要阶段的旅行时间、旅行成本和距离可达性以及高铁在车载旅行时间和与政策变化有关非车载旅行时间的影响，证明中国城市的可达性也受到高铁的影响，城市的时空模式受到诸如高铁降速、高铁票价降低等政策变化的影响。

其次，高铁对区域经济发展产生差异化影响。一方面，大量研究发现高铁显著促进了区域经济发展水平。如小林和奥村（Kobayashi & Okumura，1997）等人提出了高铁对区域经济影响的距离递减梯度模型，他们认为，以铁路线路为轴线，一定半径的地理范围内，从内向外的影响力度是逐渐递减的。维克曼（Vickerman，1997）指出，实现交通系统的网络化将是未来交通运输发展的主流方向，高铁与地区经济是相互影响、协调发展的。佐佐木等（Sasaki et al.，1997）认为地区经济的发展与高铁的建设存在一定的关系，并通过相关性分析对新干线与日本经济的增长进行验证，结论认为新干线客流量增长与GDP是线性相关的。林奇（Lynch，1998）认为佛罗里达州的高铁不仅促进地区经济的增长，而且对文化传播也具有一定的推动作用。中村和上田（Nakamura & Ueda，1989）通过对比分析新干线修建前后沿线就业人口数量的变化、旅游人数的增加情况，判定其对沿线地区经济发展的影响。维克曼（1997）、陈林臻和哈勒（Chen & Hall，2010）和埃利斯（Ellis，2010）分别关注欧洲高铁、英国城际高铁和美国高铁对区域经济的影响，均得到了正向效应的结论，且埃利斯认为根本原因在于高铁带来的区域通达性提高。另一方面，有的研究得出了不一样的结论，发现了高铁能够导致中心城市对区域经济的“虹吸效应”。如维克曼（1997）对欧洲高铁对区域发展的影响进行了研究，结果表明若交通运输系统缺乏真正网络化发展，区域发展将有可能向拥有网络服务的大都市中心集聚。可见，高铁不一定为落后的区域带来最大的利益，落后地区虽能通过高铁的服务提高可达性，增加竞争条件，但发达地区也能因高铁提高投资能力，保持优势，使主要地区的经济活动更为集中，交通设施的提供应因地制宜，并非一定可以收到正面效果。科托－米兰（Coto－Millan，2007）分析欧盟范围内高铁发现，欧洲中部的城市明显受益于运输可达性和网络经济，而处于边缘的国家如西班牙、葡萄牙的城市则进一步边缘化。李志刚和徐航天（2018）基于1982年日本两条主要高铁干线的实证数据研究，认为高铁导致城市间基于部门和位置的极化和分散。与未开通高铁的区域相比，通高铁区域的非中心区域服务业就业人数减少了7%，但是制造业就业人数增加了21%，位于东京100公里范围内城市得以扩张，但是更远距离的城市萎缩。维克曼（2014）证明了高铁在中间地区对服务水平和潜在经济水平的影响并不明显。此类地区受到与大城市相比较低的直接访问的限制和新的国际区域服务匮乏的影响，高铁的开通没有达到缩小地区差距的主要目标，也没有减少国界对区域一体化的影响。

再次，高铁对劳动力市场和产业结构等方面的影响研究。高铁使得人们在短时间内实现了长距离的运输，即在同一天的时间内能在多个空间位置上实现位移，把以前可能性很小的事件变成了现实，改变了人们的行为方式。比如，在一个城市居住而在另外一个城市上班，在高铁的帮助下完全可以实现。中村和上田（Nakamura & Ueda，1989）分析日本“有”“无”新干线情况下各产业就业人口的变化，发现日本修建新干线以后，旅游业和服务业就业人口、地区行政中心、铁路车站所在城市人口与高铁车站通勤便捷的地区人口都有明显增长。马修（Mathieu，1993）认为，因为高铁的修建改变了地区原有的产业布局结构和发展方式。佐佐木（Sasaki，1997）和中村和上田（1989）对日本高铁——新干线的经济效应展开研究，前者发现高铁一定程度上疏散了经济活动和人口在空间上的集聚，后者发现高铁建成后旅游业等服务行业的从业人员有明显的增长，尤其在高铁城市。

最后，高铁作为综合运输系统的重要组成部分，对通道运输结构产生了重要影响。如汉舍尔（Hensher，1997）研究了澳大利亚高铁建成通车后，与运输通道内的其他运输方式竞争客运市场，承担一定的客运量。马丁（2000）认为，高铁的修建会对运输通道内其他交通方式产生冲击，在各种运输方式的有序竞争过程中能够提高运输服务的质量和效率。阿凡蒂扎德（Afandizadeh Zargari，1997）分析了在多种运输方式的共同作用下，高铁的加入对运输结构的调整作用。林奇（1998）横向对比了其他几类交通方式受高铁的影响，发现高铁的开通降低了高速公路和航空的旅行量，能源消耗因此降低。

日本、法国、德国作为高铁技术的原创国，在高铁建设方面取得巨大成就，为其他国家高铁建设提供了宝贵经验。随着高铁建设的不断发展，目前，国外就高铁问题进行了较为系统和深入的研究。然而，高铁对区域福利的影响包括了两个方面：增长效应和重组效应，即区域间交通基础设施的改善在促进区域福利改善的同时，也会引发福利在空间上的转移。新经济地理学理论认为，在规模收益递增的情况下，经济聚集促进经济增长（Duranton & Puga，2004；Duranton & Turner，2012；Duranton et al.，2014）。而在不完全竞争的条件下，经济集聚形成地理上的“中心—外围”经济分布模式。区域经济活动究竟是从外围向中心集聚，还是从中心往外围扩散，取决于诸多因素，例如市场规模、交通费用及区域间劳动力的流动性等（Krugman，1980）。其中交通基础设施的改善能降低流动成本，为要素在空间流动提供便利的通道。已有文献中对交通基础设施对经济增长的影响进行了大量的研究，即增长效应。另外，随着新经济地理学理论的发展，越来越多的研究者关注到了其重组效应——经济活动受交通成本变化而在空间上重新布局。以往文献虽然都针对上述两种效应进行了分析，但只有很少的文献对两者进行了区分。

2.3.2　国内研究进展

由于受到资金、技术等条件的限制，中国高铁起步较晚。目前国内对高铁网络与经济发展的研究仍然以定性研究居多，一般认为会产生同城化效应、一体化效应和集聚效应，且会对沿线区域的产业结构、经济社会发展有着重要影响。如周孝文（2010）认为在中国主要运输通道建设高铁，将极大提高铁路运输能力的有效供给，为区域经济协调发展和可持续发展创造有利条件；胡天军和申金升（1999）通过定性分析，认为高铁节约了旅行时间，会促进沿线经济一体化，增加劳动就业机会；张楠楠和徐逸伦（2005）从城市交通系统、沿线区域经济和沿线区域空间等方面分析高铁的影响，结果显示高铁改变了区域交通运输格局，调整和优化了空间布局；陈春阳等（2005）指出高铁将提高干线的运输能力，降低交通运输总成本，带动新兴产业发展，并以秦沈客运专线为例进行了定量分析；罗鹏飞等（2004）则是以沪宁地区为例，探讨了高铁对沿线地区可达性的影响，论证了京沪高铁的可行性和必要性。

自2008年第一条高铁修建成功以来，中国高铁建设处于飞速发展阶段，高速技术和功能日趋完善，并取得世界各国的认可。高铁所带来的区域间联系显著加深，是地方政府和中央政府在制定政策时都会予以考虑的重要因素。而有关高铁的定量研究也随之增加。

首先，高铁与城市可达性研究方面。罗鹏飞等（2004）以沪宁地区为例，探讨在高铁影响下沿线地区可达性的变化，采用有效评价旅行时间、经济潜力、日常可达性三类指标，认为高铁沿线地区可达性产生深刻变化，且临近区域也受益匪浅。蒋海兵等（2010）也利用日常可达性、潜力值与加权平均时间等指标，采用有无对比法，分析京沪地区中心城市可达性空间格局的变化，进一步探讨高铁对中心城市可达性的影响。冯长春等（2013）同样采用最短旅行时间、加权平均旅行时间、可达性系数三个指标研究2012年传统客运与2015年高铁客运的省际可达性及空间格局，认为两种客运方式下，中国省际可达性空间分布均呈现中心—外围模式，但是高铁运营使得省际联系时间缩短，可达性最优区域大幅增加，并且高铁运营使得省际可达性均衡化。

其次，城市集群、产业布局与区域经济发展研究方面。罗平（2009）应用空间引力模型对客运专线对沿线城市间吸引力进行研究，发现吸引力增长是成倍的，并以产业分工为理论依据分析客运专线对沿线城市的职能构成的影响。伍业春（2009）在分析中心地理论、网络优化组织等理论与高铁和城市发展的作用机理的基础上，研究了高铁建设对城市扩张效应和城市规模结构产生的影响，并针对这一问题提出对策及建议。殷广卫（2009）研究了中国高铁与发达国家的差距，从理论上证明了高铁对城市发展具有促进作用。王珺（2008）应用聚类分析法和多核指数模型研究城市圈空间结构优化模式。惠宁（2006）以产业集群区域经济效应理论对区域经济发展的不均衡进行研究。

最后，调整区域空间结构方面。孙健韬（2012）用面板数据模型定量分析武广高铁开通后对沿线地区经济发展的影响，研究发现武广高铁对沿线地区经济发展的影响不尽相同，大城市的城市化率稳步提升，中小城市的城市化率出现下降，虹吸效应初现端倪；大城市第三产业快速发展，产业结构进一步优化，中小城市第二产业快速发展，工业化水平快速提升。张汉斌（2010）也是从高铁与区域空间结构的相互关系进行了研究。认为高铁可以改善所在区域空间结构，促进该区域经济的快速发展。并通过研究得出高铁的适当发展重新分配该区域的劳动力，同时创造更多的就业机会，加速经济一体化的形成。韩旭（2016）关注高铁对中国城市可达性和区域经济空间格局的影响，利用截面数据分析，研究发现高铁开通显著地改善了城市可达性，使城市间经济联系更加密切，但同时发现高铁的影响在不同发展水平的城市和区域有差异。赵娟等（2004）应用有无对比方法，定量性地分析了京津城际铁路对沿线区域经济的影响，并建立了相应的数学评价模型。陈春阳等（2005）认为，大运量的高铁建设提高旅客输送能力，释放既有线的运能供货物运输，在一定程度上降低了地区的客货运输成本，以秦沈客专为例，建立模型分析高铁对区域产业发展的促进作用。郇亚丽（2012）利用引力模型研究高铁影响下沿线城市产业和城市规划面临的挑战，利用博弈论分析高铁对现代交通运输市场的冲击。结果表明高铁将加速和放大都市圈同城效应，加快由城市群中心城市引领的大区域板块联动发展，促进现代交通运输格局的重新组合，进而影响中国区域经济发展的版图。赵庆国（2013）分析了高铁缩小中国区域差距的作用机理，认为高铁大能力通道为区域经济发展提供高效运输支撑，速度革命引起的时空压缩增强区域市场的统一度和紧密度，快速运输线的辐射效应造就密集的区域性沿线经济走廊和经济带。孟德友和陆玉麒（2011）从可达性和空间经济联系两个方面分析了中国“四纵四横”高铁网络的构建对河南省沿线城市的省际可达性和空间经济联系的影响，客观上论证了高铁建设有利于协调省内和省际地区间的经济联系与合作。孙培愿（2012）通过测算武广高铁开通使既有线货运能力增长（约 2012 万吨），说明了高铁能促使铁路货运能力大幅提升，带动沿线经济的快速发展，使现代物流趋于合理和高效。

总的看来，我国在高铁经济效益的研究方面取得了一些成果，但大多都是定性分析，定量研究相对较少。定性认识上，高铁一般被认为具有扩大市场规模、便于技术和创新的传播、提高地区的外向度促进经济发展、改变便利性节省出行时间等影响。而定量分析能使决策者更加清楚地认识到高铁潜在的经济影响和社会影响，而不至于由于缺乏信息而影响决策。本书在参照既往文献（Criscuolo et al.，2012；Mayer et al.，2013；Qin，2017）的基础上，进一步对外围城市与中心城市的距离和不同的交通初始禀赋进行进一步分组分析，以期对高铁对地区福利的增长效应和重组效应进行剥离和评估。

第3章　中国区域经济协调发展的基本问题

自改革开放以来，中国各区域的经济普遍都得到了快速的发展。1978年国内生产总值为3650.2亿元人民币，到2018年我国国内生产总值为900309亿元，40年来增幅达到了24664.65%。从居民的收入水平来看，城镇居民人均可支配收入从1978年的343.3元增长到了2018年的39251元，幅度为11433.44%。农村居民家庭人均可支配收入也从133.6元增加到了14617元，增幅为10940.87%。[①] 然而，在经济总量得到显著提升的同时，国内区域间发展不平衡、不协调的问题日益显现。尤其是随着内外发展环境深刻变化，经济发展到了关键的结构调整阶段，区域间经济不协调趋势如何缓解已然成为一个亟待解决的问题。本章系统地描述和梳理了中国区域经济协调发展的基本问题，分别从区域协调发展的历程、区域协调的影响因素以及区域协调的测度方式三个方面，试图做一个全面系统的刻画，为进一步的分析讨论奠定基础和提供必要的支撑。

3.1　区域经济协调的发展特点

改革开放以来，我国经济得到了迅猛发展，人均GDP从1978年的381元/人增长到了2018年约64718元/人（9780美元，按全年平均汇率

① 资料来源：2018年《中国统计年鉴》。增长幅度为笔者计算得来。

6.6174 元人民币兑 1 美元进行换算)。与此同时，区域间经济发展不平衡、差距不断扩大的失衡问题，引起了社会各界高度重视。从经济总量来看，我国东部地区与中西部地区的经济差距不断扩大。东中西部地区在国内生产总值中构成比重的变化为，东部地区的比重从 1985 年的 41% 增加到了 2018 年的 55%，而中西部地区从 1985 年的 59% 降至了 2018 年的 45%。

首先，考察区域经济的协调发展，要明确其发展趋势的收敛性，学术界关于中国区域经济究竟是收敛还是发散进行了较为充分的探讨。经济收敛理论是现代经济增长理论的重要内容，描述了即使不同地区在资源、区位和发展阶段上有所不同，但欠发达地区的经济会追赶发达地区，最终欠发达地区与发达地区的经济发展水平不断接近的现象。在时间维度上的考察，如刘生龙和张捷（2009）考察了 1985 ~ 2007 年间我国区域经济增长的收敛性，结果是区域经济增长为长期的绝对 β 收敛，短期内 β 绝对收敛不显著，但条件 β 收敛在长短期内都存在。而何雄浪等（2013）以 1953 ~ 2010 年为样本窗口，分析出此期间我国的区域经济增长不存在绝对收敛性，进一步控制财政政策和人力资本因素后，地区经济增长具有条件收敛性。在空间维度上的考察，如洪国志等（2010）横向地考察中国 240 个地级城市的经济增长收敛性，结果显示城市间存在绝对 β 收敛，以及新古典增长理论和新增长理论所强调的趋同机制。王陆雅等（2013）采用非参数估计的方法，揭示了我国区域经济总体上为极弱的条件收敛，从地区来看，东部地区的收敛性最强，中西部地区依次减弱。宋长青等（2013）得到了类似的研究，发现经济增长效率存在东部地区高西部地区低的态势，东中西部三大区域的增长均表现出收敛的特征。戴觅和茅锐（2015）则是从生产率的视角考察省际差异的收敛性，发现在省份层面上我国工业部门的劳动生产率表现为显著稳健的绝对收敛特征，这意味着若能缩小省份之间工业占比差距，人均 GDP 等经济发展会随之出现收敛，这为缩小地区发展差距提供了一个优化改进的方向。

其次，人口的空间分布是经济生产活动的风向标，区域间人口分布的不平衡很有可能引致或强化经济活动和经济潜力分布的不均衡，因此对人口的地理分布考察也是关于区域经济协调发展的重要内容之一。长期以来，以“胡焕庸线”为界的空间格局是我国人口分布的显著特征，特别是随着东部地区的“先发展”，人口进一步向东部沿海集聚而强化了该分布态势。人口的空间分布差异反映了人口分布的均衡性，王桂新和潘泽瀚（2016）因此关注和分析了省级人口迁移的规模、强度以及分布特征，对我国人口迁移和空间格局进行系统刻画。再如李佳铭和陆大道（2017）以地理勘测器等方法研究胡焕庸线两侧的人口分布，结论认为这条人口分布界限基本保持稳定，经济因素对人口空间分布的影响日益变强。

最后，20世纪90年代以来，为了促进区域经济的协调发展，国家层面先后出台并实施了西部开发、振兴东北老工业区和促进中部崛起等重要区域发展战略，区域间发展差距扩大的趋势在一定程度上得到了有效的缓解。魏后凯和孙承平（2004）考察了西部大开发战略的实施效果及其对经济社会发展的影响，实证分析后发现，战略的实施对西部地区经济增速有显著的加快作用，尤其体现在固定资产投资的高速增长上。许召元和李善同（2006）考察认为，虽然2000～2004年间我国地区间的经济发展差距仍在进一步扩大，但速率相较于20世纪90年代已经显著放缓，这种放缓主要源于要素投入的边际收益递减和要素市场的发育程度。东部等较发达地区的人均资本存量较高，即资本的边际收益小而工资水平高，在这种情况下人力资本会不断涌进这些地区，但随着经济增长的推进，投资会不断向落后地区转移，从而带来地区经济的收敛。有关学者进行的逻辑和方法梳理性研究，也具有显然的参考价值（马文军等，2018）。彭国华（2005）则提出生产率水平（TFP）的收敛是地区间差距缩小的重要原因，因为随着一国之内地区间技术扩散和知识溢出效应，地区间TFP会不断趋于收敛。当然也有不同的研究结论，如向宽虎和陆铭（2015）从开发区建设的视角切入，指出开发区政策对企业生产率的影响有明显的地区差异性，在内陆的影响更多是负向的，总的来看既有损于总效率的提升，又不利于欠发达地区经济的可持续发展。周文和赵果庆（2016）从县域层面考察区域政策的经济效应，发现中部崛起战略在2010年截面上的效果并不显著。

3.2 区域经济协调的影响因素

3.2.1 经济因素

优化经济发展格局、协调区域经济发展，首先要打破地区封锁和隔离，全面提高资源配置效率，已有大量研究表明，市场分割是地方政府竞争的理性选择。区域经济协调发展是基于区域经济发展差距过大或失衡等现状情形而讨论的。改革开放后实施的不平衡发展战略是国内区域经济发展不协调的原因所在，阿硅格（Aguighier，1988）的研究系统考察了不平衡发展战略的影响。区域内部生产要素配置结构也是较为常见的成因分析视角，谢康（2003）认为地区内的经济发展因素，如产业结构的变化，是影响区域经济增长的重要因素，民营经济发展的差异性也会在很大程度上影响区域间的发展模式乃至发展差距。阿西莫格鲁和格里瑞丽（2008）考察了资本市场发展对经济发展的影响，发现资本市场的要素比例差异和资本深化等导致了经济的非平衡增长。吕冰洋和余丹林（2009）的研究结果表明，我国特有的梯度经济发展模式使得空间上区域经济增长表现出了很高的空间相关性。徐盈之和吴海明（2010）则从环境约束等自然禀赋差异的视角分析其对区域协调发展的影响，通过测算环境约束下的区域协调发展水平综合效率，观测中国不同地区的协调发展水平动态变化和地区差异。研究结果显示，区域协调的综合效率地区差异明显，东部地区水平最高，西部地区次之而中部地区最低，同时还发现外商直接投资（FDI）对协调区域发展会产生正向影响。范剑勇等（2010）同时以空间效率为研究视角，探究发现市场潜能对区域协调发展具有重要影响。赵玉奇（2017）认为我国各地区外贸发展水平的巨大差异是区域经济不平衡的重要诱因之一，而国内市场分割又对这一过程产生了助推作用。

随着研究的不断推进，嵌入全球价值链以及国内价值链等内外向经济发展模型差异对区域协调的反向作用也逐渐引起了学者们的关注。如沈坤荣和耿强（2001）认为外商直接投资在区域间的不平衡分布加剧了区域间经济发展的不平衡，赵玉奇（2017）提出我国各地区外贸水平的巨大差异是区域发展差距扩大的重要诱因。陈启斐和巫强（2018）关注并考察了双重外包（面向国际市场的离岸外包和面向国内市场的在岸外包）对区域经济协调发展的影响。以长江经济带为例的实证分析结果显示，离岸外包具有效率型特征，有利于吸收国外先进技术但同时将进一步拉大与周边地区的差距；在岸外包具有典型的公平型特征，即基于国内价值链和整合国内生产资源，能提升区域整体的经济发展、协调发展差距。

其他经济发展因素对区域经济协调的影响研究。如余亮亮和蔡银莺（2017）从优化国土空间规划的目标出发，分析了国土空间规划管制与区域经济协调发展的相关关系。他们提出若国土空间规划的科学性发生偏颇，预计将会使我国不同主体功能区之间的发展差距进一步扩大，而理论上区域经济发展水平与国土空间规划以地为本的开发重点会形成相互促进的同向递增关系。

3.2.2　制度因素

国内外学者已经基本达成了制度因素是影响区域经济协调发展的重要因素的共识。制度又进一步被细分为正式制度和非正式制度。其中，正式制度一般包括地区间的合作和竞争、行政分权、晋升激励机制和政府公共品供给等。相关的研究如布卡凡斯基（Bucovetsky，2005）以纳什均衡分析了公共投入竞争的影响，在基础设施上的公共投资有助于吸引高技能劳动力生产要素，进而促进经济的集聚发展，因此地区间公共投资的差异不利于经济的发展。巴肯和格瑞玛达（Buchan & Grimalda，2011）考察了社会差距对合作的影响，分析认为社会差距对个人与他人合作的动机会产生显著影响，在地区间进而体现为发展联系度的差异。付强和乔岳（2011）

认为地方政府由于掌握了主要生产性资源的定价权及分配权，政府竞争对经济增长的促进效应在制度软约束、外向型经济发展和中央政府集权等条件下会更加明显。刘冲等（2014）区分考察行政分权和财政分权对经济增长影响的差异化效果，实证探究结果表明行政分权的外部性为正向，而财政分权的外部性为负向。行政分权吸引了更多新企业进入市场而提高了企业的平均利润率，财政分权则是给地方政府增加了更多的财政收入，这两种形式对经济增长的拉动作用多是通过粗放的拉动投资实现的。贝通（1998）最早提出了“政府竞争”的概念，他认为政府本质上是具有竞争性的。崔万田和徐艳（2018）研究认为区域经济创新政策紧随着中国改革开放的进程而变化，产生了推动区域经济由非均衡发展向协调发展的重要作用。

而非制度对区域经济的影响分析，既有文献主要是从交易成本的视角切入。如安德森和韦恩库伯（Anderson & Wincoop，2004）系统考察了贸易成本的测度，发现国家之间就不同商品的流动在贸易成本上有显著的差异，这种差异又会进一步体现在经济发展上。德朗和斯多波（Duranton & Storper，2008）发现虽然交通成本得到了明显的降低，但实证分析的结果显示贸易成本却依然在增加。他们通过构建异质性交易成本的行业区位模型，显示了交通成本的降低为何导致了贸易成本的增加。洪联英和罗能生（2007）总结提出，影响交易费用的因素主要在基础设施、交易技术、地理环境及文化传统等四个方面，而基础设施对交易费用的影响主要通过搜寻成本体现。他们将交易费用和文化因素引入一般贸易模型中，从成本角度论述文化对交易成本进而贸易效率的影响。地区间非正式制度上的禀赋差异也是地方政府行为的重要体现之一，基于古诺博弈的理论分析以及GMM 估计的实证分析的结果显示，非正式制度影响下的交易成本差异是影响区域经济协调发展的重要原因。

3.2.3 技术因素

通信技术和交通运输领域技术创新的发展，极大地便利了信息和要素在空间内的流动，对经济生产活动在空间上的分布产生了显著的影响，进而对区域间经济的协调发展产生重要作用。“要想富，先修路”，交通的通达有助于地区间经济联系度的提升，因此以交通基础设施发展作为技术进步的表现，探究其对区域经济协调发展的影响。如聂正英和李萍（2019）通过对2007～2016年京津冀区域交通运输与区域经济之间的耦合协调度分析，考察了交通运输对推进区域经济一体化的影响。研究引入了物理学中的耦合概念和容量耦合系统模型进行分析，探究发现交通与地区经济耦合协调度在样本窗口内不断趋于提高，特别是2014年国家正式提出京津冀一体化战略之后，二者协调度明显提高。胡鞍钢（2011）也认为交通基础设施建设的推进和完善对我国区际贸易产生了显著的促进作用，这也是内生驱动因素的一种。除此之外交通运输的发展还具有增强相邻区域耦合效应的影响，这一观点也是新经济地理学在经典区域经济发展理论之上的重要拓展与贡献。张学良和林虹（2013）对交通基础设施建设对区域经济增长的作用进行了考察，发现交通发展的空间溢出效应显著，并且外区域交通基础设施对本区域经济的影响也表现为正向的空间溢出效应。田原（2017）基于山东省2006～2015年的面板数据，探究交通基础设施对省内各区域经济协调的影响，发现影响作用存在地区异质性，中西部地区内交通基础设施对区域经济协调的促进作用相对于东部地区更加稳定。

此外，新近的一些研究中以更为间接形式表现技术进步，如采用人力资本存量反映技术进步潜力，如生延超和周玉姣（2018）采用1998年、2003年、2008年和2014年的30个省份截面数据的人力资本指标计算Moran's指数，选用地理邻接空间权重矩阵分析了人力资本的空间相关性。研究认为基于地区发展差异匹配不同类型、不用层次的人力资本对区域经济协调发展的影响至关重要，区域不同层次人力资本的空间配置关乎区域经济差距的发展。也有在行业层面对技术进步或技术要素密集度的考察来反映技术进步的影响，如徐波、万国伟和杨丽丽（2018）认为新常态下我国经济发展方式越来越由规模速度型转向质量效益型，相应地对技术进步的依赖增强，因此研究关注并考察了高技术产业与区域经济协调的关系。研究采用“协调发展度”模型度量系统协调关系，基于2003～2016年东中西部地区的面板数据分析结果表明，高技术产业与区域协调度之间具有耦合特征，但各地区的协调发展度呈现不同的路径。

3.3 区域经济协调的测度方式

3.3.1 基于指标评价的测度

区域经济协调发展是一个复杂的系统性概念，学者们基于各自对其内涵的界定和解读，通过指标体系设计方式对此进行了定量刻画。国内较早的研究，如胡鞍钢（1995）从经济发展水平、知识发展能力、对外开放程度以及通信技术四个方面刻画地区经济，对指标权重的确定采用AHP方法，并且选择了地区人均获得的收入值、拥有计算机的人口占该地区人口比值，每个人使用的电信消费记录和该地区移动设备占有的市场份额，通过这些因素来测算区域经济的协调程度大小。韩兆洲（2000）以经济总量与构成、人口素质与技术创新、居民生活及社会发展、自然资源环境4个方面的一级指标，以及4个方面下的16个二级指标，构建了用于度量区域经济协调的指标体系，并基于该体系采用AHP层次分析的权重确定法评价了我国各区域经济的协调发展状况。蒙少东（2004）用区域经济差距、社会差距及投资与环境差距3个方面的子系统刻画区域协调发展，形成了一百项指标构成的评价体系。汪波和方丽（2004）所构建用于评价区域协调发展的指标体系，考察的方面更为宽泛但易于理解，分别为经济、社会、科教文卫、人口及资源环境，基于该体系他们采用主成分分析结合AHP权重确定的综合方法进行了评估。彭荣胜（2007）也采用指标评价的方式对区域协调度进行评价，他用商品零售价格方差作为区域经济一体化程度的表征、用人均 GDP 的基尼系数作为区域经济发展差距程度的表征、用全国 GDP 环比速度作为区域经济发展速度的表征，基于这三个方面进行评价和比较。覃成林（2013）基于自己的研究需求，用平均赋权的方式将区域经济联系、区域经济增长和区域经济差异值合成为一个综合指标用以表示区域经济协调发展水平。可见，用指标的方法刻画区域协调发展程度的方式较为原始，因为刻画的重点很容易随研究者的关注变化而改变，评价的客观性和综合性很可能被质疑。聂正英和李萍（2019）以经济规模、经济结构与经济质量 3 个方面的 7 个指标（地区生产总值、全社会固定资产投资、社会消费品零售总额、进出口总额、第三产业占 GDP 比重、人均地区生产总值以及居民可支配收入）构成区域经济系统指标，测度 2007 ~ 2016 年京津冀地区内各城市经济的协调程度。

3.3.2　趋同理论及其他理论指导下的测度

区域趋同理论是对区域经济格局发展趋势的一种判断，认为在一个国家内部，如果区域之间是相互开放的，那么在市场机制的作用下，受收益递减规律的约束，要素在区域之间的自由流动将对区域经济发展不平衡产生自我修正作用，从而导致区域之间人均收入或产出水平趋向均衡。但是需要指出的是，趋同描述的是区域经济水平接近的过程，在这一过程中，某些形式的差异可能在一定时段内并不会缩小。理论上，区域趋同可细分为 σ 趋同和 β 趋同，β 趋同还分为有条件的 β 趋同和绝对 β 趋同。

采用这一方式测度区域经济协调度的相关研究，如陈和弗莱舍（Chen & Fleisher，1996）定量分析了我国省级层面的经济趋同性，以 1952 ~ 1993 年为样本窗口，认为这期间我国经济为条件趋同。丹莫戈（Demurger，2001）基于我国 1985 ~ 1999 年的数据分析也同样得出了我国区域经济条件趋同的结论。萨克森和华纳（Sachs & Warner，1996）对中国 1953 ~ 1993 年的经济数据进行了趋同分析，发现改革开放后地区经济增长出现了明显的趋同，并且沿海地区的趋同性更为显著。王云飞（2007）提出将收入差距作为区域间经济协调发展的直观指标，基于此依次测算了东中西部地区的基尼系数（GINI）以考察和反映区域经济的发展不平衡性。探究发现自20世纪90年代开始，我国地区间的收入差距呈现明显的扩大趋势，其中东部地区内部的差距相较于中西部地区更大。韩兆洲等（2012）则采用空间经济学的研究框架，考察我国省份之间的空间自相关性和集群现象，以空间集聚度的动态变化反映区域经济的协调状况及其影响因素等。

第4章　高铁网络的发展及经济社会特性

本书结合我国两大发展现状，一是区域经济的协调发展问题亟待解决，二是国内日益完善的高铁网络产生了日益显著的时空压缩效应，从技术进步的视角考察高铁对我国区域经济协调发展的影响及内在传导机制。在上文的分析中，已经系统梳理了交通基础设施与区域经济发展的研究现状，以及分析高铁对区域经济协调可能涉及的理论基础。高铁是20世纪60年代交通领域的一项技术创新，相较于公路、铁路和水运等传统交通运输方式有着较为显著的差异，因此本章主要对高铁网络的发展脉络，特别是高铁网络的经济社会特性进行分析。通过梳理，既有助于加深对高铁网络在全球和中国的发展里程和空间演进特征的认识，也利于更好地理解高铁运输的优劣势所在。

4.1　高铁在各国的发展

4.1.1　世界高铁

自1964年日本新干线正式开通运营以来，高铁进一步丰富了人们出行的选择，促进了地区经济发展和社会进步，产生了巨大的社会经济效益。高铁的商业化运营也成为世界各国瞩目的焦点。整体而言，世界高铁的发展经历了四次大的建设浪潮（见表4.1）。

表4.1 世界高铁的四次建设浪潮

	建设时间	主要参与国家或地区	通车运营总里程	阶段特征
第一次浪潮	1964～1990年	日本、法国、德国、意大利	3216公里	高铁商业化运营示范阶段
第二次浪潮	1990～1998年	日本、德国、西班牙、比利时	1426公里	少数国家已经建立起高铁骨干网络
第三次浪潮	1998～2004年	荷兰、英国、韩国、中国台湾地区	3509公里	更多国家和地区开始建设高铁
第四次浪潮	2004年至今	中国、美国、加拿大	10000公里以上	中国高铁快速崛起

资料来源：笔者根据公开资料整理得来。

4.1.1.1 1964～1990年：高铁发展的示范阶段

在这一时期，仅有少数发达国家开始建设和运营具有示范效应的高铁线路。日本、法国、德国、意大利是世界上较早建立高铁的国家。其中，日本建成了四条新干线，通车总里程达到1836公里；法国建成TGV东南线和TGV大西洋线，通车总里程达到699公里；德国建成汉诺威至斯图加特的高铁线路，通车总里程达到437公里；[①] 意大利建成罗马至佛罗伦萨的高铁线路，通车总里程达到254公里。上述高铁线路运营总里程达到3216公里，成功完成了高铁商业化运营的试验，对其他国家的高铁建设和发展起到了巨大的示范和引领作用。特别是日本的新干线的建立，不仅颠覆了传统认为“铁路是夕阳行业”的论断，更使得铁路行业迎来了巨大的发展机遇，一跃成为日本陆地交通运输的主力，推动了日本产业结构布局的调整和城市经济格局的变化。

① 笔者根据各国铁路管理部门公报整理得来。

4.1.1.2　1990～1998 年：世界范围高铁建设前期的规划阶段

这一时期，高铁建设先驱国家进一步快速发展高铁，日本新建了北陆新干线；德国新建了柏林至汉诺威之间的高铁线路；法国新建了 4 条高铁线路，分别是 TVG[①] 北方线、英吉利海峡线、TVG 东南延伸线和 TVG 路网连接线，通车总里程超过 583 公里。在这个阶段，日本和法国已经建立起高铁的骨干网络，全国各大区域、各大中心城市之间开通了高速列车。同时，早期投入运营的高铁线路已经进入成熟期，与沿线区域经济实现了良好的融合和互动发展，彰显出高铁巨大的社会经济效应。此外，西班牙新建了马德里至塞维利亚的高铁线路 AVE[②]；比利时新建了布鲁塞尔至里尔的高铁线路。表 4.2 报告了日本新干线、法国 TGV、德国高铁以及西班牙 AVE 的运行的正点率比较，较为粗略的横向比较可知，就运营水平来看四个国家中西班牙高铁的正点率最高，仅有 0.55% 的高铁晚点大于 5 分钟，而德国正点率最低，有 10% 的高铁晚点大于 5 分钟。但是，总体而言，这一时期其他国家的高铁建设仍处于规划阶段。

表 4.2　各国运行高速铁路正点率　　单位：%

晚点时间	≤1 分钟	≤3 分钟	≤5 分钟
日本新干线	92.5	98.1	98.5
法国 TGV	—	90	—
德国	—	—	90
西班牙 AVE	—	—	99.45

注：笔者根据各国铁路管理部门公报整理得来。
资料来源：笔者自制。

4.1.1.3　1998～2004 年：高铁发展和高铁网络的建立

在这一时期，日本和法国的高铁网络逐步完善，有效连接国内各大区

① 全名为“train à grande vitesse”，法国的高速铁路系统。
② 西班牙语：Alta Velocidad Espa? ola，AVE。

域、各大中心城市的骨干线路。法国、德国、西班牙、荷兰、意大利等国都建立起高铁线路，法国更是先行一步，已建立起较为完善的高铁网络。而高铁在日本和法国产生了巨大社会经济效益，使得各国竞相学习与效仿。荷兰、英国、韩国、中国台湾地区等相继开始进行高铁线路的规划和建设。为了发挥整体优势，欧洲当局希望打破国家边界的限制，把各国的高铁连接在一起，开始规划贯穿整个欧洲大陆的高铁项目，进一步推进欧盟的发展。

4.1.1.4 2004 年至今：中国高铁的崛起和发展

在这一时期，中国不仅引进了高铁，而且在此基础上逐步建起了较为完善的高铁研发、生产体系，高铁技术突飞猛进，建设规模和营运里程都是世界之最，成为公认的高铁大国。截至 2016 年 12 月 31 日，中国开通运营的高铁总里程达到 23755 公里。除中国以外，美国、加拿大等发达国家也开始规划和建设高铁，高铁得到了越来越多国家的认可。经过 50 多年的发展，高铁给处在“夕阳边缘”的铁路行业带来发展活力，更为社会经济的发展贡献了巨大的力量。

4.1.2 中国高铁

4.1.2.1 发展历程

我国高速铁路的建设虽然起步较晚，但发展相当迅猛。2004 年 1 月，国务院常务会议通过了我国历史上第一个《中长期铁路网规划》，我国开始兴建高速铁路。此后，我国高铁经历了一段从“大干快上”到备受质疑再到理性看待、全面推进的曲折发展历程。对环境产生的负面影响，以及交通事故带来的间接性社会善后支出，总额达到 2723 亿欧洲货币单位（当时统一的欧洲货币欧元尚未出现），其比例达到这 17 个国家 GDP 总额的 4.5%。高铁成为了近年来我国经济社会发展最令人瞩目的标志性成就之一。目前，中国的高铁网已经在东部和中部地区形成了较为完备的交通体系，并且不断地向西部地区渗透。“十三五”规划中关于中国高铁提出的“八纵八横”空间网络总体达成率已经较高，特别是东部沿海地区，不断完善中西部地区内的高铁建设趋势也可略见一斑。中国高铁网络已经基本形成了“八纵八横”的格局，高铁技术与经验更是成为中国制造“走出去”的又一金名片。中国高铁的飞速发展，极大地完善了国内交通网络，为经济发展打开了新局面。

改革开放后中国经济快速增长，客货运需求量不断增大，迫于每年庞大的客运需求和脆弱的运载能力之间的巨大压差，铁路运行网须扩大规模、完善结构、提高质量、扩充运输能力。在此背景下，中国铁道部提出了建造高铁的跨越式发展构想，由此进入重大的历史转折期。中国高铁作为一种新型的交通运输方式，其运行速度快、运能大，极大改善了交通运输现状，产生巨大的社会经济效应。回溯中国高铁的发展历程，自20世纪80年代中期，中国提议修建高铁，经过十几年详细的考察分析与可行性论证，全国人民代表大会于1998年3月在“十五”计划纲要草案中提出建设高铁。自此，中国开启了高铁建设新时代。

1999年我国开始修建高铁；2002年铁道部提出了铁路“大提速”策略，策略聚焦于现有铁路能力的提升和高铁的引进；2003年完工的秦皇岛—沈阳高铁，设计最高时速可达250公里/小时，是当时中国仅有的客运专线。但是，由于这条线路的工程设计和试验速度都超出了既有线的工程限制和承受范围，使得铁路界在多年里争论它是否为高铁；[①] 2004年1月国务院通过《中长期铁路网规划》，提出到2020年，全国铁路营业里程达到10万公里，建设客运专线1.2万公里以上；2008年修订后的《中长期铁路网规划》中确定到2020年中国铁路营业里程达到12万公里以上，建成高铁1.6万公里以上。这一规划的颁布实施、京津城际的运营及京沪高铁的开工建设标志着中国正式迈入高铁时代。

---

① 有人说大陆第一条高铁是秦沈线，有人认为是广深线，为何争论不休［EB/OL］．搜狐网，2019-9-24．中国高铁之秦沈传奇［EB/OL］．知乎网，2019-12-4．

与发达国家相比，中国高铁的起步较晚，处在世界高铁发展历程中的第四次浪潮，但是发展迅猛。2008 年 8 月 1 日开通的时速 350 公里/小时的京津城际铁路是第一条公认的、没有争议的高铁。同年，国务院修订《铁路中长期规划》，提出高铁线路形成“四纵四横”（纵向指南北走向，横向指东西走向）的网络格局，预计累计总投资约 4 万亿元人民币。至 2014 年中国高铁超越日本成为东亚地区，甚至是世界高铁运输能力最强的国家（World Bank，2014）。中国高铁的工程建造技术、高速列车技术、高铁运营管理技术和高铁系统集成技术都达到世界一流水平，并创造了多项“世界之最”。中国高铁未来规划用 30 年（2010～2040 年）的时间，将全国主要省区市连接起来，形成国家网络大框架（《铁路中长期规划》，2016）。根据目前已经公布的计划，为满足快速增长的旅客运输需求，建立省会城市及大中城市间的快速客运通道，中央政府批准到 2020 年建成 1.6 万公里高铁网络，服务于 90% 以上的中国人口（见图 4.1）。

图 4.2 所示 1999～2017 年中国客运情况，公路客运量几乎占据总客运量的绝大多数，约为 80%；其次为铁路，约为 10%；而其他交通运输方式（包括民航和水运）的客运量不到总客运量 5%。随着 2008 年中国高铁的建立和飞速发展，铁路客运量逐渐增加，公路客运量呈现下降趋势，表明高铁的开通通过分担公路客运负担而释放公路运能，进而降低货运成本促进贸易的可能性。因此，进一步统计了 1999～2017 年中国各交通运输方式货运情况。如图 4.3 所示，公路货运量占据交通运输货运量的绝大部分，约为 70%。然而，随着高铁开通，虽然公路运输的货运量呈增加趋势，但是公路货运量占总货运量比例并无明显变化。

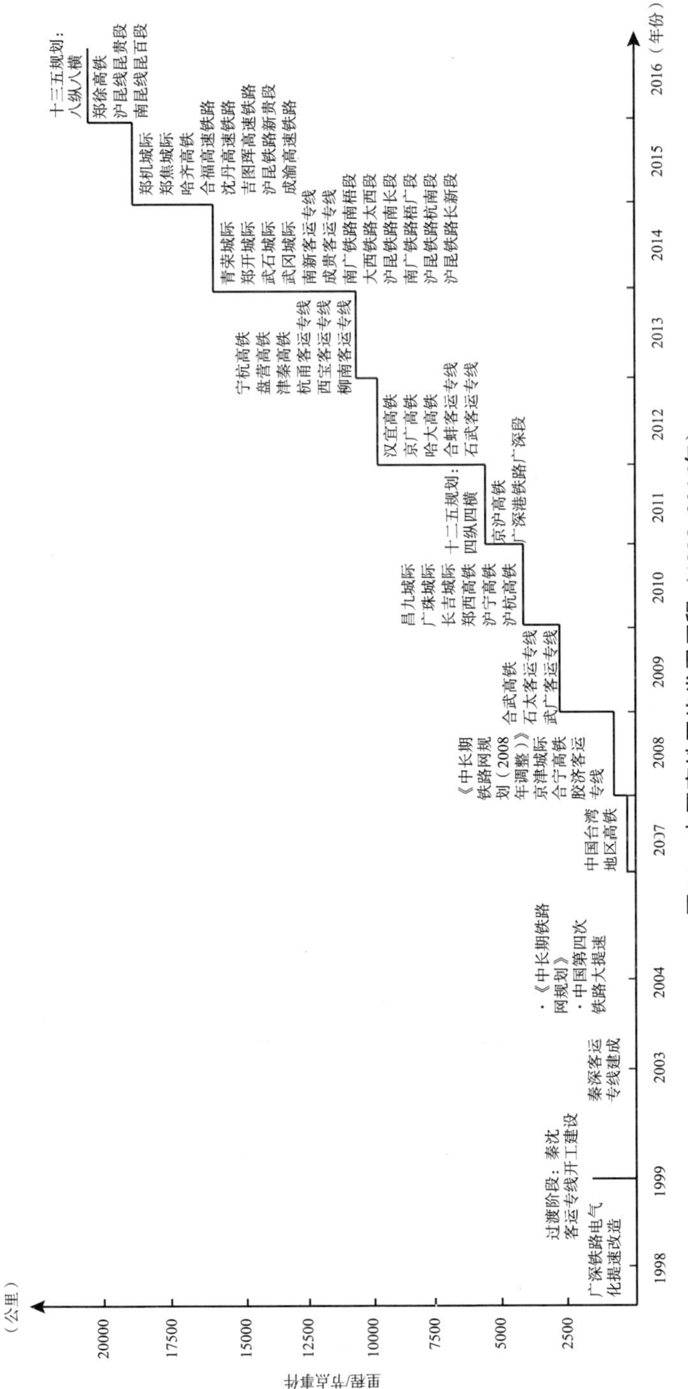

图4.1　中国高铁网络发展历程（1998~2016年）

注：原始数据来自国家铁路局，统计时间截至2016年12月30日。

资料来源：笔者根据公开的资料与数据整理并制作。

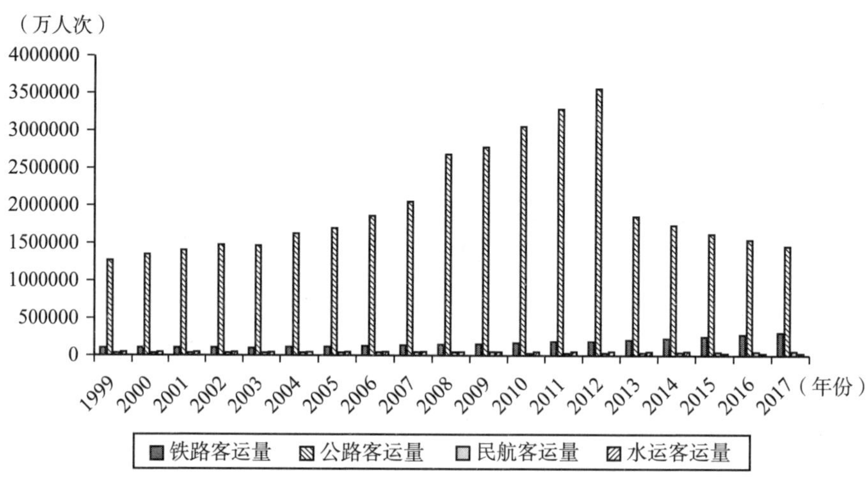

（a）1999~2017年中国客运情况

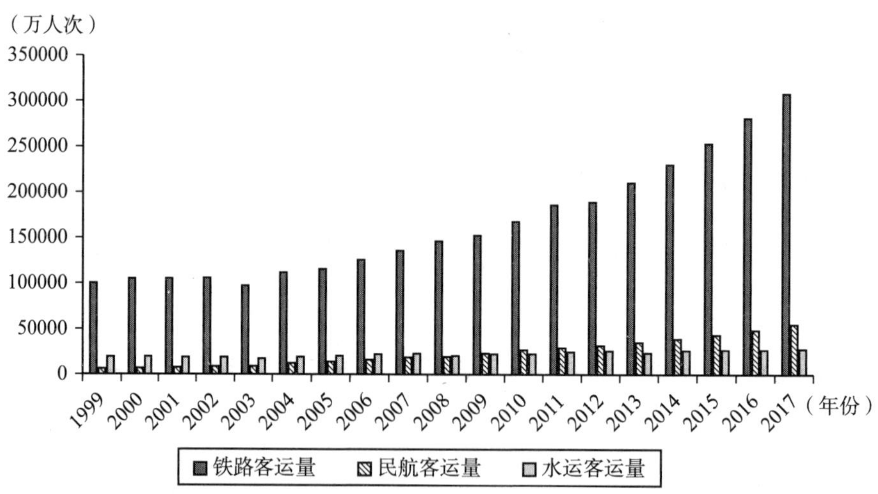

（b）1999~2017年中国客运情况（公路除外）

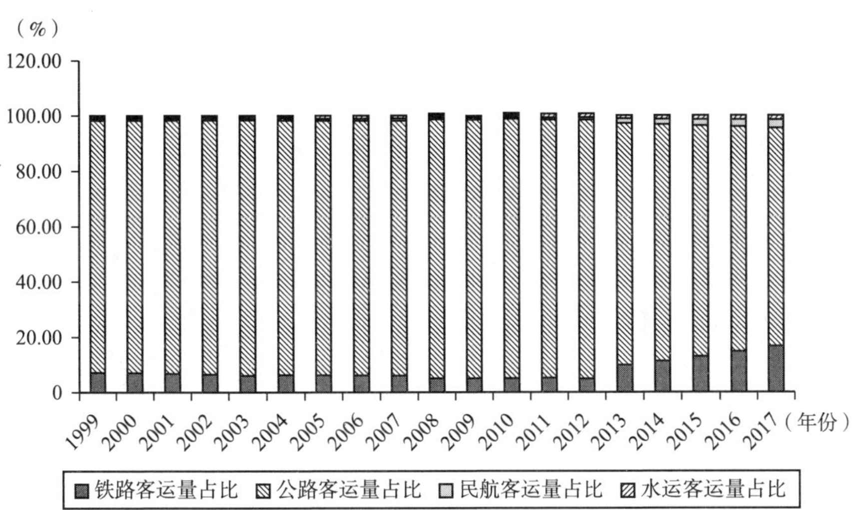

(c) 1999~2017年中国客运情况

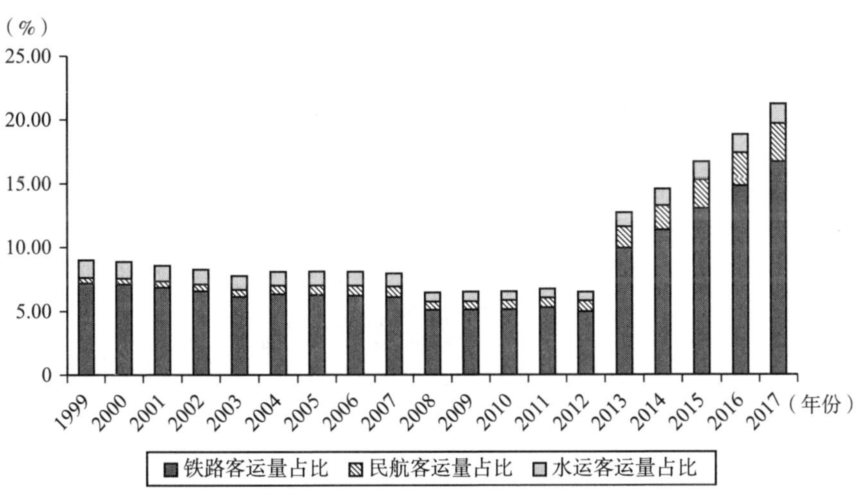

(d) 1999~2017年中国客运情况（公路除外）

图4.2　1999～2017年中国不同交通运输方式的客运量

资料来源：笔者根据国家统计局“年度数据—铁路货运量”数据整理制作而来。

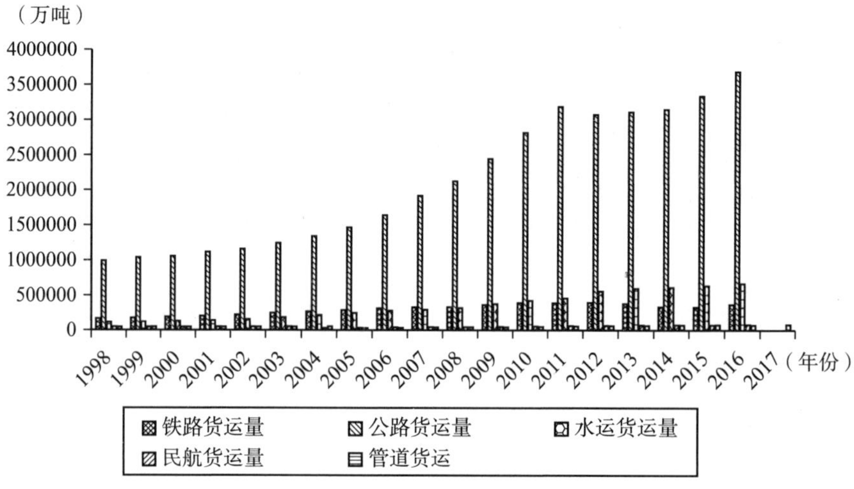

（a）1998~2017年中国交通货运情况

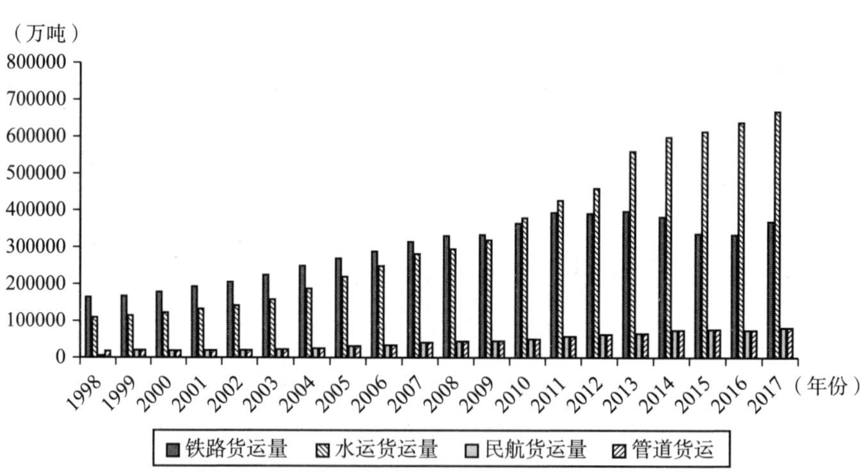

（b）1998~2017年中国交通货运情况（公路除外）

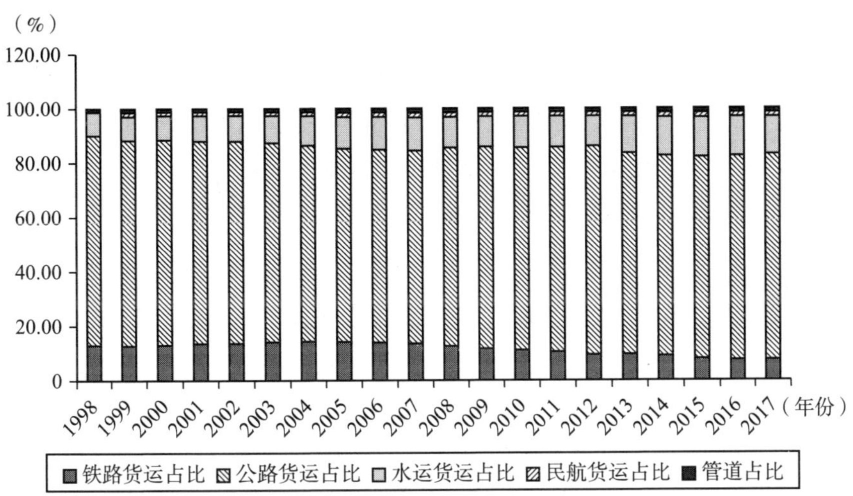

(c) 1998~2017年中国交通货运情况

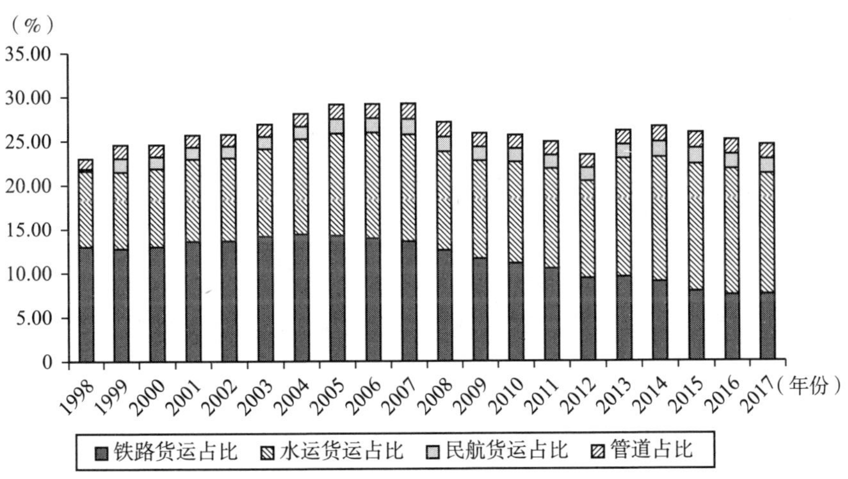

(d) 1998~2017年中国交通货运情况(公路除外)

图4.3　1998~2017年中国不同交通运输方式的货运量

资料来源：笔者根据国家统计局"年度数据—铁路货运量"数据整理制作而来。

4.1.2.2 发展阶段

中国的高速铁路，从无到有、再到成为世界上高速铁路运营里程最长、在建规模最大的国家，在极短的时间内创造了奇迹。高铁把中国各大城市拉进了一张世界最大的高铁网，用心的举措、人性化的服务理念更为中国带来了世界的瞩目，在建设交通强国的伟大进程中，中国必将引领世界走进“高铁时代”。

（1）转型过渡阶段（2004～2007年）。这一阶段，中国先后进行了铁路第五次和第六次大提速。第六次提速后，在京广、京哈、京沪、陇海兰新线、武广、胶济铁路、广深、浙赣线等主要铁路线路取得了显著的技术进步，时速已经达到200公里/小时。[①] 2007年，客运专用的高速列车进入铁路系统中，紧接着整个国家进入了高速铁路的快速发展阶段。

（2）快速发展阶段（2008年至今）。2008年，“京津城际铁路”作为中国首条高速铁路开通运营，最高时速达350公里/小时。紧随其后，胶济铁路、武广客运专线、京沪高速铁路、合武快速铁路、郑西客运专线、福厦高速铁路、沪宁城际高速铁路、昌九城际铁路、沪杭高速铁路、哈大高速铁路、京汉高速铁路等其他线路相继开通运营。截至2017年底，中国时速在250公里/小时以上的高速铁路里程累计2.5万公里[②]，形成了有史以来规模最大的高速铁路网络，远超世界其他国家的总和。

高铁网络的矢量化呈现：首先，我们构建了一个关于交通基础设施建设分布的数据库。数据库以国家测绘局提供的中国1：100万地形图作为底图。其次，结合2009～2017年中国地图出版社出版的全国交通地图册进行更新，得到了2008～2016年的铁路电子地图。最后，在该电子地图的基础上，结合国家铁路局所公布的开通高铁线路信息，利用地理信息系统软件ArcGIS10.3从铁路网络图中筛选得到各年份的高铁线路图。

---

① 中国铁路第六次大提速［EB/OL］. 央视网，2007-5-20.

② 2018年2月7日，中华人民共和国国务院新闻办公室就“四好农村路”建设和交通运输供给侧结构性改革召开发布会。

中国高铁的演化模式①在全国层面呈现出了“网络模式”，区域层面呈现了“通道模式”，在一些城市群内呈现了“混合模式”：①通道模式。指首先在较密集人口的地区布点，然后不断拓展干线通道的模式。高速铁路大多是先被日益增长的核心城市之间的出行需求刺激，或者核心城市与在同一行政隶属的次一级城市之间，如郑州—西安、石家庄—太原、武汉—广州、北京—上海等线路。发展的第二阶段，这些高速铁路线沿线上更小的城市由于交通便利性提高，又逐步成为新的经济枢纽。②混合模式。这一模式的高速铁路往往是将核心城市和周边的其他城市连接起来，大多分布于都市集聚区，如长三角地区、珠三角地区和武汉城市圈等。高铁线路加深了区域间联系，促进了这些区域的整合。③网络模式。出于交通设施布局的平衡性和国家战略考虑，高铁线路有逐渐形成完备网络的倾向。因此，尽管西部地区高铁的建造成本高、旅客出行需求低、经济相对落后，但大规模的高铁仍将会在那里建成。

高铁线路的布局，需要综合考虑经济发展、人口分布、资源分配、国土安全、环境保护、区域协调发展等多方面因素（初楠臣等，2018）。国务院在修订的《中长期铁路发展规划（2008）》中提到，高速铁路网旨在“连接主要城市群，基本连接省会城市和其他50万人口以上大中城市，形成以特大城市为中心覆盖全国、以省会城市为支点覆盖周边的高速铁路网。实现相邻大中城市间1~4小时交通圈，城市群内0.5~2小时交通圈”（表4.3报告了“十三五”规划中八横八纵通道的具体路线组成及其修建情况）。因此，高铁建设的首要目标是连接省会城市和其他50万人口以上大中城市，形成“中心—中心”模式，然后逐步延伸到西部等其他地区，最终形成一个完备的网络结构。该规划指出，中国高铁扩张的目标为，到2020年铁路规模达到15万公里，其中高铁3万公里，覆盖80%以上的大城市。目前运营的高铁线路大多集中于经济相对发达和人口相对聚集的地区，中国50%以上经济生产和人口可以在1小时交通圈内与高铁

① 在佩尔和戈茨（Perl & Gortz，2015）关于东亚高铁网络演化的研究中，综合提出了这三种高铁网络空间特征。

建立联系。快速发展的中国高铁显著地扩大了中心城市的交通圈，促使一些中心城市之间形成连续的发展区域。空间上来看，中心城市的 1 小时交通圈促使长三角地区、珠三角地区和京津冀地区形成相对连续的发展区域，为其提供了安全、可靠、高质量、高效、舒适、方便的客运服务。中国城市间最短出行时间的空间模式呈现出了“中心—外围”结构。

表 4.3 “十三五”规划中八横八纵通道的具体路线组成及其修建情况

一级要素	二级要素	站点城市	三级要素
八纵通道	沿海通道	大连—秦皇岛—天津—东营—潍坊—青岛—连云港—盐城—南通—上海—宁波—福州—厦门—深圳—湛江—北海	哈大高铁沈大段（2012）；津秦高铁（2013）；天津—宁波（“十三五”期间）；甬台温铁路（2009）；温福铁路（2009）；厦深铁路（2013）；深圳—北海（“十三五”期间）
	京沪通道	北京—天津—济南—南京—上海；南京—杭州；蚌埠—合肥—杭州	京津城际（2008）；京沪高铁（2011）；宁杭高铁（2013）；合蚌高铁（2012）
	京港通道	北京—衡水—菏泽—商丘—阜阳—合肥—九江—南昌—赣州—深圳—香港	京九高铁（“十三五”期间）
	京哈—京港澳通道	哈尔滨—长春—沈阳—北京—石家庄—郑州—武汉—长沙—广州—深圳—香港；广州—珠海—澳门	哈大高铁哈沈段（2012）；京广高速（2012）；广深港高速广深段（2011）；深圳—香港（“十三五”期间）；广珠线（2012）
	呼南通道	呼和浩特—大同—太原—郑州—襄阳—常德—益阳—邵阳—永州—桂林—南宁	呼南高铁（“十三五”期间）
	京昆通道	北京—石家庄—太原—西安—成都—昆明；北京—张家口—大同—太原	京广高铁京石段（2012）；石太高铁（2009）；太原—昆明（“十三五”期间）
	包（银）海通道	包头—延安—西安—重庆—贵阳—南宁—湛江—海口	全段（“十三五”期间）
	兰（西）广通道	兰州—成都—贵阳—广州	兰州—贵阳（“十三五”期间）；贵广高铁（2014）

续表

一级要素	二级要素	站点城市	三级要素
八横通道	绥满通道	绥芬河—牡丹江—哈尔滨—齐齐哈尔—海拉尔—满洲里	牡绥高铁（2015）；牡哈高铁（“十三五”期间）；哈齐高铁（2015）；齐齐哈尔—满洲里（“十三五”期间）
	京兰通道	北京—呼和浩特—银川—兰州	全段（“十三五”期间）
	青银通道	青岛—济南—石家庄—太原—银川	胶济客运专线（2008）；济南—石家庄（“十三五”期间）；石太高铁（2009）；太原—银川（“十三五”期间）
	陆桥通道	连云港—徐州—郑州—西安—兰州—西宁—乌鲁木齐	连云港—徐州（“十三五”期间）；郑徐高铁（2016）；郑西高铁（2010）；兰新高铁（2014）
	沿江通道	上海—南京—合肥—武汉—重庆—成都；南京—安庆—九江—武汉—宜昌—重庆；万州—达州—遂宁—成都	沪宁高铁（2010）；汉宜高铁（2012）；渝利客运专线（2013）；成渝高铁（2015）；宁安高铁（2015）；安庆—武汉（“十三五”期间）；沪汉蓉高铁武蓉段（2014）
	沪昆通道	上海—杭州—南昌—长沙—贵阳—昆明	沪昆高铁（2016）
	厦渝通道	厦门—龙岩—赣州—长沙—常德—张家界—黔江—重庆	厦赣高铁（2012）；赣州—重庆（“十三五”期间）
	广昆通道	广州—南宁—昆明	南广高速（2014）；南昆高铁（2016）

注：括号内为线路的开通运营时间。

资料来源：中国铁路总公司、中央政府门户网站、《中长期铁路网规划》（2016），笔者整理得到。

此外，根据最新的高铁规划，它将与其他交通方式高效衔接，形成系统配套、一体便捷的铁路枢纽，实现物流衔接“无缝化”、运输服务“一体化”。“十二五”时期，中国各种交通运输方式快速发展，交通运输基础设施累计完成投资13.4万亿元，是“十一五”时期的1.6倍，综合交通运输体系不断完善。高铁营业里程、高速公路通车里程、城市轨道交通运营里程、沿海港口万吨级及以上泊位数量均位居世界首位，在高铁网络的补充下，国内现代交通运输基础设施网络已经初步形成。“十三五”时期经济发展进入新常态，生产力布局、产业结构、消费及流通格局将加速变化调整，对现代交通系统“衔接协调、便捷高效”提出了更高的要求，需要进一步充分发挥各种运输方式的比较优势和组合效率，提升网络效应和规模效益。因此，作为现代化交通体系中的衔接，高铁进入交通网络中对交通运输功能性的巨大影响是显而易见的。

4.1.2.3 空间特征

高速铁路线路的布局，是一个综合经济发展、人口、资源分配、国土安全、环境以及各区域社会稳定等多方面考虑的结果。同时，高铁线路又被希望尽可能去完善已有的交通系统。国务院在修订的《中长期铁路发展规划（2008）》中阐述到，高速铁路网络的目的是在人力资源集中的省会城市和其他分布广阔的有着丰富自然资源和丰富社会经济结构的主要城市之间形成联系。该规划中将铁路网络的扩张目标定为，到 2020 年铁路规模达到 15 万公里，其中高速铁路 3 万公里，覆盖 80% 以上的中心城市。高速铁路首先是要将省会城市和其他 50 万人口以上大中城市连接（“中心—中心”模式）然后延伸到西部等其他地区，最终形成一个完备的网络。目前运营的高铁线路大多集中于经济相对发达和人口相对聚集的地区，中国 50% 以上经济生产和人口可以在 1 小时交通圈内与高铁建立联系。快速发展的高铁网络显著地扩大了中心城市的交通圈并促使一些中心城市之间形成连续的发展区域。空间上来看，中心城市的 1 小时交通圈促使长三角地区、珠三角地区和京津冀地区形成相对连续的发展区域，为其提供安全、可靠、高质量、高校、舒适、方便的客运服务。中国城市间最短出行时间的空间模式呈现除了“中心—外围”结构。

总的来看，中国高铁的演化模式在全国层面呈现出“网络模式”，区域层面呈现“通道模式”，在一些城市群内呈现“混合模式”。

4.2　高铁的优势与劣势

4.2.1　高铁的优势

交通运输方式的发展历程在一定程度上可以理解为各种交通运输速度的发展历程。从水运、马车到工业革命时期的铁路，各种不同的交通运输方式都在寻求自身的突破，以更好地满足日益增长的运输需求。至 20 世纪中期，航空和高速公路的出现，对普通铁路产生巨大冲击，使其在运输市场逐渐失去往日的优势，一度成为夕阳产业。直到 1964 年，日本新干线开通，高铁首次成功商业化运营，铁路在传统运输速度上实现了历史性的突破，开创了铁路发展的新局面。与航空、高速公路、水运、普通铁路相比，高铁在运行速度、旅客运能、交通便利性等方面都有着独特的优势（骆嘉琪等，2018）。其很好地填补了航空昂贵及受天气影响大的不足，普通铁路运行速度慢等既有交通运输方式的不足，具有明显的优势（见表 4.4）。

表 4.4　高铁、航空、传统铁路及高速公路的运输成本和运输时间比较

交通模式	短距离旅行			中距离旅行			长距离旅行		
	时间（小时：分钟）	费用（元）	频次（列/天）	时间（小时：分钟）	费用（元）	频次（列/天）	时间（小时：分钟）	费用（元）	频次（列/天）
	（北京—天津，150 公里）			（北京—郑州，600 公里）			（北京—上海，1400 公里）		
高铁	00：34	54.5	132	02：27	309	52	04：49	553	36
航空				01：50	1060	18	02：15	590	90
传统铁路	01：22	23.5	6	06：42	93	5	15：10	177.5	1
高速公路	02：00	35	34	09：00	200	2	18：00	342	1

续表

交通模式	短距离旅行			中距离旅行			长距离旅行		
	时间（小时：分钟）	费用（元）	频次（列/天）	时间（小时：分钟）	费用（元）	频次（列/天）	时间（小时：分钟）	费用（元）	频次（列/天）
	（上海—杭州，160 公里）			（上海—温州，500 公里）			（上海—重庆，1500 公里）		
高铁	00：45	73	110	03：19	211	27	10：40	509.5	7
航空				01：10	1390	16	02：50	1130	59
传统铁路	01：46	24.5	8	09：16	90	1	18：57	389	3
高速公路	02：30	68	25	06：30	220	5	24：30	383	2

注：航空信息来自“去哪儿网”，高速公路运输信息来自“客运站”网。
资料来源：笔者自制。

（1）运行速度快。高铁的运行速度超过 250 公里/小时，停站时间短，不仅在途运输时间短，而且运输总时间短，为旅客带来了时间优势。据统计，乘坐高铁在 5 个小时内可以到达 1250 公里范围内的目的地，并且在 1200 公里的范围内，乘坐高铁所花费的总体时间比乘坐飞机花费的总时间更少。以京沪高铁为例，在正常状态下，乘飞机从北京至上海的总体时间为 5 小时左右（包括到达机场和候机时间），而乘坐高铁从北京至上海的总体时间也为 5 个小时左右。2017 年 6 月 26 日，具有完全自主知识产权的中国标准动车组“复兴号”在京沪高铁正式双向首发，其运行时速可以高达 400 公里以上，有望将北京至上海的运行时间降低到 3.5 小时。

（2）客运能力强。与其他交通基础设施方式相比，高铁每节车厢能载客 100 人左右，采用 8 节车厢编组的列车一次可以运输 800 人左右。与之相比，单架次航班最大的载客量约为 550 人，单个汽车的载客量为 50 人左右。高铁的客运运能远大于其他运输方式。

（3）发车密度大。高铁的最小行车间隔时间为 3 分钟，旅客出行受交通运输工具停站时间的影响小。目前，我国民航在北京和上海之间开通的空中快线每半小时一班，这已是飞机架次最密集的航线之一，但是距离高铁的发车密度还有一段距离。

（4）列车编组灵活多样。高铁可以根据线路的实际需要进行列车编组的调整，不同的线路、不同的日期、不同的时段都可以采用不同的列车编组，满足不同的需求，同时也提高了资源的利用效率。

（5）列车准时准点，不确定性小。旅客选择交通工具的重要依据就是时间安排，期望能够准时到达目的地，以便与其他行程安排协调一致。一方面高铁技术水平先进，组织运营水平严格；另一方面在全封闭的自动化系统中运行，对于恶劣天气的承受能力强，并且避免交通拥堵，能够充分保证列车的准点率。以日本新干线为例，高铁的准点范围以秒计算，西班牙高铁的正点率高达99.6%。与之对比，航空运输则经常受到大雾、雷雨等恶劣天气的影响，高速公路经常高峰拥堵，特别是节假日期间，严重制约了运输的高效进行。

4.2.2 高铁的劣势

如前所述，与其他交通基础设施方式相比，高铁具有明显的技术优势，是我国重大的创新成果。然而，高铁建设同样存在一定的不足。

（1）耗资巨大。交通网络的构建需要提供大量的投资，一般来说约占全年GDP收入的5%。高铁具有技术领先优势，耗资巨大。据统计，我国每公里高铁的建造成本（不包含高铁站点建设）为8亿～12亿元人民币。“十二五”期间高铁建设总投资约为18750亿元人民币，约占全年GDP的4.5%。“十三五”交通运输总投资同比增加20%（总计150000亿元人民币），根据建设规模预计“十三五”期间高铁建设投资与“十二五”期间相比必定有增无减。

（2）运输价格高。高铁的运输成本相比高速公路，特别是传统铁路均有显著的增加，这直接增加了旅客出行的价格成本。从表4.4可以看出，各距离高铁票价虽然比航空运输价格低，但是均明显高于普通铁路和高速公路，平均为普通铁路票价的二至三倍。可见，虽然高铁节省了旅客的时间成本，但是增加了价格成本。对于不同人群而言，时间和价格的重要性存在差异，因此高铁可能对不同人群产生差异化影响。

由此可见，虽然高铁技术优势明显，旅客运能大，但是高铁建设相比于普通铁路投资数额巨大、乘坐价格较高。因此，只有高铁运能得到充分利用时其技术优势才能得以展现。

4.3 高铁的主要经济社会特性

4.3.1 通达性

高速度带来的高通达性使得高速铁路具备极高的运行效率，这也是高铁最显著、最突出特征之一。通过产品运输成本节约、知识溢出效应等理论机制，高铁的开通推动了区域内外部要素资源的快速流动。在“吞噬”时间与空间的同时，高铁更是从效率与公平双重维度影响着资源空间配置，在空间形态上表现为经济空间格局的重塑。自从世界上第一条高速铁路建成至今，已经有 50 多年的发展历史，在其最高运行速度不断刷新的同时，其通达性也远远超越其他交通工具，而达到新的高度。交通运输能力决定了经济、社会发展的潜力和能力，不同方式的交通工具塑造了不同的经济、社会发展路径和特点，世界发展史充分验证了这一点。高速铁路也不例外，其高通达性所具有高时效性、高运力性、高可靠性等具体内涵，相对于其他的交通工具更能满足数字化经济时代对快捷、便利、省时的要求。

高时效性。同其他陆地交通工具相比，高速铁路最基本和突出的优势就是高速度，可以实现跨地域大范围运输。1964 年日本第一次运营速度达到 210 公里/小时的新干线火车，使世界铁路进入新的发展时期，引起世界各国对高速铁路经济与社会效应的极大研究兴趣；1972 年法国的高速铁路系统（TGV）的运营速度创造了新的世界纪录——318 公里/小时，

TGV 自此一直保持着高速铁路商业运营的最高速度记录，更是在 1990 年创造了 515 公里/小时的惊人纪录。中国的高速铁路的发展时间不长，但是发展速度极快，在 2010 年沪杭高铁的试运行实验中，新型的国产动车组“和谐号”CRH380A 型车组达到 416 公里/小时的最高时速，同年在京沪高铁的试运营中又达到了 468 公里/小时的最高时速，创造了中国高速铁路发展的新高度。

高运力性。一般认为，运力性能是衡量交通运输工具的主要指标之一，主要包括运输速度、发车频率和定员三个方面。高速铁路的高运力性尤其在发车频率这一指标上优于其他远距离交通工具。以我国京沪高铁为例，其发车时间间隔范围在 5～25 分钟，平均发车间隔为 19 分钟；沪宁高铁发车时间间隔范围在 7～24 分钟，平均发车间隔为 16 分钟；京津城铁的发车时间间隔范围为 5～18 分钟，平均发车间隔为 12 分钟。超过 250 公里/小时的运输速度和近似于地铁和公交的发车频率，使得高速铁路拥有了超出其他远距离交通工具的高运载量。在车辆定员这一指标方面，不同国家差别较大，但与各种其他交通工具相比，均有较高的定员量。

高可靠性。在现有的陆路交通工具中，高速铁路的可靠性也是最高的。而高速公路与航空等运输方式则受天气、交通堵塞等环境因素影响较大，导致其完成运输任务的时间存在较大的不确定性，这对公务、商务旅行而言会产生额外的时间与经济支出；航空也存在同样的问题，有时甚至更为严重，恶劣的气候条件、航空交通状况等也很容易产生较大影响，而无法按时完成运输任务。而由于铁道交通的基本特征，在正常调度的情况下铁路运输基本不存在交通堵塞问题，除不可抗力因素及极端恶劣天气之外，一般的环境因素很难对高速铁路产生重大影响。而我国高速铁路是采用高架桥梁和隧道建成的全线封闭线路，这使得高速铁路的环境适应性更强，准点率也更有保障。

4.3.2　融合性

高速铁路相较于铁路和公路等传统交通方式更高的经济、社会融合性，与其混合产品特性和外部性中的间接外部性部分密不可分。这一间接外部性充分反映了高速铁路与社会公共利益以及经济资源配置效率之间的融合性关系。高速铁路的社会效益远大于传统铁路和其他交通工具，所带来的各种间接经济影响也远超过其自身产生的直接经济效益。社会各产业部门、企业和个人都因为高速铁路的出现而受益匪浅，直接或间接地受益于其产生的各种效益，这恰恰体现了高速铁路具备的高融合性和正外部性特征。

混合产品属性。高速铁路提供的运输服务产品是否具有公共属性存在不同观点。有学者认为高速铁路仅提供旅客运输，出于运营成本考虑，其商业营利属性较强，完全是商业投资，不应该被看作公共产品，也有些观点认为它是“俱乐部产品”。但经过综合多种因素和对已有观点分析之后，可以发现我们并不能将高速铁路运输简单地判定为某一特定类型，由于受国家发展战略和经济基础的重要影响，从本质上而言应该将其定义为一种混合产品。首先，高速铁路运输服务是一种群体消费。尽管旅客个人主要通过支付货币意愿来接受高速铁路运输服务，但是其接受和使用服务的过程并不是独享的，而是必须与其他人形成一个同时接受服务的消费群体，所以这一消费过程具有一定的“俱乐部产品”特征；其次，高速铁路服务产品具有竞争不充分性。由于高速铁路极高的初期固定成本和低边际成本，使得其必须具有规模经济和范围经济效应才有可能收回成本或者实现营利，如果通过采取市场竞争方式，就会使得其无法实现所需要的规模经济和范围经济效应。最后，高速铁路对时空距离的大幅压缩使得区域中心城市的集聚性与辐射力得到大幅度提高和增加，相比其他交通方式更快捷的人口流动效率有效提高了市场力量，逐渐打破区域行政隔离的能量层级，更加有利于地区间的分工协作关系形成和运行，有利于区域内各城市的产业协调发展，促进区域一体化。

促进区域产业融合。从性质上看，高速铁路可以归为经济、社会运行的基础设施范畴，其对区域内或者区域间的产业融合和社会经济增长有着巨大贡献。高速铁路网络中各节点间的连接，以及与传统铁路相比所具有的高度时空压缩效应，可以进一步推动这些节点城市间的经济联系提升到更高的水平，一方面新的联系增加，另一方面联系的频度和效能得到提升。在两方面作用下，空间市场范围逐渐扩大、区域节点城市间的产业分工协作不断加强，从而对沿线区域城市间的产业结构区域性优化产生促进作用。而高速铁路不断向网络之外边远地区的延伸则不断提升网络的通达性，使得曾经无法快速获得资源的边远地区得以参与到区域产业合作与分工的新体系中，进而推动其经济得到前所未有的增长。

促进经济社会融合。高速铁路作为一项基础设施，其建设和发展可以大大推动经济生产率提升，大量研究结果表明了货运量与 GDP 之间存在着稳定的均衡关系，这表明了交通运输业是宏观经济运行中的重要推动力。同时，铁路基础设施使得相连接地区间资源流通成本得到大幅度降低，增强区域的空间辐射效应，从而促进区域内与地区间的经济与社会融合。胡鞍钢和刘生龙（2009）为了验证交通运输与经济增长间的关系，在收集和整理我国从 1985 ~ 2006 年间的交通运输数据的基础上制成面板数据进行检验。其研究结果主要包括两个方面，一是认为这 22 年间我国在交通运输基础设施方面持续而大力度的投资为工业化、城镇化、信息化和国际化进程提供了有效而强大的推动力，在进一步引入外部性因素并计算之后，可以观察到我国经济增长率中来自交通运输基础设施投资的占比达到 10 个百分点。二是在高铁网络规模基本确定的情况下，其对单个节点旅客的效用与此节点到其他节点的广义运输成本之间为负相关关系。节点城市间旅客运输需求的提升刺激相关运输企业提供更多、更充分的运输服务，并使得区域内相关产业得到更大提升空间与更多发展机会，同时促进更高效率新兴运输工具技术的进步与推广使用。发展空间的扩展使得节点间可出现更多类别、更高质量以及更优价格的运输服务，进而因为更充分的选择而降低广义运输成本，增加综合效用。从而为形成共同生产要素市场和充分的知识外溢提供更多机会和可能性，使得在这些区域之间也会出现更多经济融合现象的可能性。可见，高速铁路的间接外部性在其极高的便利性、经济性和时效性的直接作用下大大增强了对经济增长的融合促进作用。

4.3.3 服务性

高速铁路使得区域内的要素能够以更高效率流动，更有效地推动以第三产业为主的服务业形成规模经济效应和范围经济效应，促进区域内产业高端化，影响城镇化水平，从而体现为高服务性。高速铁路对沿线区域和城市的高服务性主要是相对于普通铁路和公路而言。高速铁路所具备的高速度、高频次、高定员以及公交化的运输方式使得沿线区域内要素的流通效率大大提高，同时成倍放大了中心城市的空间辐射力和空间影响力。结合高速铁路的高生态性、高融合性、高通达性与强网络性，整个沿线区域内快速形成以区域中心城市为核心的服务业高点和高速铁路服务业隆起带。一方面，高速铁路的高服务效应通过高通达性、高融合性和强网络性导致产业开发效应、产业集聚效应和产业结构优化效应传播，致使中心城市及其沿线城市相对于非沿线城市处于有利地位，进而使金融、信息、物流等高端生产性服务围绕制造业快速积聚，规模快速扩张，城市间的产业相互协调、相互服务的功能不断增强。另一方面，高速铁路大大提高了区域内和区域间的时间可达性，提升了中心城市与沿线其他城市间的生产要素和信息交流效率，以及提高了服务影响力，尤其是科学技术、管理知识、金融与信息的影响力。因此在高速铁路的高通达性、高融合性以及强网络性综合作用的影响下，高速铁路对沿线区域的高服务性可总结为以下两个方面。

（1）提升城市服务功能的辐射力。高速铁路增强了沿线区域内服务业发达城市的空间影响力，即在区域范围内，其他城市与区域中心城市的联系由于高速铁路的开通和运营而得到加强，特别是沿线的次级中心或者非中心城市。高速铁路使得地区间交流效率提高了一倍以上，大大削低了时间成本，区域核心城市的产业链在地理范围上纵向和横向方面的延伸都得到前所未有的拓展。比如，在武汉—广州高速铁路（武广高铁）的影响下，珠江三角洲地区大批企业得益于这一便利的交通条件和同城效应，大量企业不断将加工制造部分迁往邻近省份劳动力成本更为低廉的湖南郴州、耒阳等非中心城市，而仅留下研发、营销、会展等资金密集型核心业务以优化和提高竞争力，这使得湖南省在短短几年内就成了珠三角加工产业的腹地。

（2）促进服务业隆起带形成。高速铁路的产业集聚作用促使区域内沿线城市逐渐形成一条新的以服务业为主的第三产业隆起带。通常高速铁路直接连接区域内的要素流动效率远高于非直接连接区域，显然这是由于其通达性所决定。正是由于这一原因，高速铁路沿线区域城市所接受到的中心城市的多方面影响力，尤其是服务业的影响力要高于非沿线区域，即沿线城市与中心城市的信息同城化高于非沿线区域。这一优势使得整个城市群范围内，沿线区域城市相比非沿线城市在获取中心城市服务上占据了更有利地位，从而在高铁沿线形成新的服务业隆起带。

4.3.4　环保性

低能耗。根据日本对交通工具能耗研究的相关资料，在相同条件下对高速铁路、小汽车和飞机的单位能耗进行比较后得出，三种交通工具平均每人/公里所消耗能源的比值为1∶5.3∶5.6。再从每人单位燃料所能行驶的里程进行比较，公路方式里程为高速铁路的62%，航空方式里程为高速铁路的26%。法国和德国的研究结果也表现出一定的相似性，在每人/公里为单位条件下进行燃料消耗的比较，汽车运输方式的燃料消耗是铁路的1.8~2.4倍。再参照日本新干线及法国TGV和国内有关资料，按每人/公里单位能耗比较，高速铁路能耗为2.73每人/公里，高速公路能耗为22.05每人/公里，飞机能耗为44.1每人/公里。这些研究结果虽然在具体比值上存在一定的差别，但是其结果均表明高速铁路的能源消耗要远低于汽车和飞机等其他交通工具。同时，虽然高速铁路在标准能耗方面普遍比普通铁路运输高，其优点在于超高的作业效率不但弥补了这一缺陷，反而能源节约效率远远优于普通铁路。

目前我国高速铁路建设已经进入全新建设阶段。根据初步调研数据，我国高速铁路在降低能耗方面已经展现出一定成效，主要包括机车和运营基础设施两个方面：一是我国自行开发生产的动车组本身具备明显的节能效率，如 CRH2 型和 CRH3 型两型动车组由于使用了流线型和轻量化设计，使得其自重降低 30% 以上，同样条件下能耗利用效率提升效果显著，根据公开数据测算，CRH3 型动车组的运输效率可以达到 15 每人/千瓦时，是目前我国各类陆路交通运输工具中最节省能源的运输方式。二是基础运营设施建设通过采用最新的节能环保材料和技术实现低能耗。如近年来新建并投入运营的南京南站、郑州东站、上海虹桥站等在设计中均充分考虑了能源的综合利用效能，从顶层自然光的利用到地面的透光处理等方面都实现了对能源的充分利用。

低污染。从直接排放角度，在目前所有的陆路交通工具中，高速铁路以电力作为动力，是目前最为洁净和绿色的远途交通工具。在执行运输任务过程中基本上不会直接排放粉尘、烟雾以及废气等污染物，因而其对大气的污染是最小的。与运行传统机车的一般铁路相比，高速铁路的低污染优势也更为明显，根据《中国铁道统计公报》[①] 发布的最新数据，截至 2016 年 12 月，我国仍有接近 40% 的现有铁路在运行以燃油为动力的燃油机车，而高速铁路全部采用电力驱动运行。从间接排放角度，我们对高速铁路的动力来源进行讨论。高速铁路虽然不直接排放污染物，但是其运行所使用的电力来源于化石能源，即尽管高速铁路不通过燃烧化石能源驱动，但是其运行所需电力来源于化石能源转化。所以从污染排放角度，我国高速铁路运输体系的快速发展和完善对于减少我国铁路系统主要污染物的排放产生积极有效的推动作用。

优化能耗结构。如表 4.5 所示，在 2006 年我国铁路运输消耗的电力能源占比超过燃油消耗，在之后的 2007 年、2008 年中电力能源消耗占比快速提升到 45% 和 47%，大幅超过燃油消耗成为第一消耗能源。在经过

---

① 2017 年铁道统计公报 [EB/OL]. 国家铁路局网站，2018－4－12.

一个阶段的快速推进之后，2010 年我国铁路的电力能源消耗已经占总消耗的 63.9%。与此同时，原煤和燃油等化石能源在总能源消耗中的占比持续下滑，消耗所占份额则持续萎缩。正是因为高速铁路使用电力驱动，低能耗、低污染的特点和更好的生态环境亲和性，所以电力能源主导总能耗的变化反映了我国铁路企业依赖传统化石能源的消耗结构得到了根本性的改变。尤其是“十二五”期间，我国铁路在建设新线路的同时也大量改造了原有的电气化铁路，大量新的客运专线、城际铁路和高速铁路不断投入使用，使电气化率在快速提升的同时也实现了线路的持续优化。根据《中国铁道统计年鉴》数据，截至 2016 年，我国铁路电气化率已经达到了 64.8%，比上年增长 7.4%，相对应的电力能源的总能耗占比继续保持快速提升。可见，高速铁路在我国铁路运输体系中比例不断增大推动了电力能源在总能耗占比的快速提升，再结合大量在设计之初就融入新能源应用和高新节能技术的新型客运站不断揽入运营，继而大大优化了我国的铁路交通能耗结构。

表 4.5　2001～2010 年铁路企业能耗结构的变化　单位：%

项目	2001～2005 年	2006 年	2007 年	2008 年	2009 年	2010 年
原煤	27	21	20	19	17.8	15.4
燃油	39	38	35	34	31.3	20.7
电力	34	41	45	47	50.9	63.9

资料来源：《全国铁路统计资料汇编》及中国铁道节能专业委员会的公开材料。

优化能耗结构。环境污染治理费用低。国际铁路联盟曾在 20 世纪 90 年代，对欧洲 17 个国家处理交通环境影响的支出进行了专门统计，主要统计对象包括航空、汽车、高速铁路等三种运输系统的环境支出。数据表明，除了交通工具本身的能源和物资的消耗外，为了处理交通系统运营对环境产生的负面影响，以及交通事故带来的间接性社会善后支出，总额达到 2723 亿欧洲货币单位（当时统一的欧洲货币欧元尚未出现），其比例达到这 17 个国家 GDP 总额的 4.5%。在公路、航空和高速铁路三种交通运输方式的环境影响对比中，高速铁路对环境产生的负面影响最低，同时其产生的环境治理费用也最低。对于我国而言，经济发展不平衡，国土广阔，地理跨度较大，但人口主要集中在中东部地区，环境承受力较为脆弱，交通体系建设更应当将环境影响放在首位进行考虑。一方面，高速铁路建设能使我国有效避免西方国家以汽车为主要交通工具而付出的巨大环境代价；另一方面，后发优势带来的机遇使得我国能够在短时间内快速建立符合经济和社会发展步伐的大距离快速交通运输体系，进而实现现代交通运输体系与环境资源承受力之间和谐共处与可持续发展。

第5章　高铁网络对地区外贸发展的影响

由前文关于区域经济协调基本问题的梳理可知，区域经济协调是系统性的概念，笼统地构建指标体系测算协调度，不仅在指标体系的可信度证明上困难重重，而且还很容易遗漏重要信息，使得结论对现实的政策启示意义十分有限。因此，本书拟分别就高铁网络对区域经济发展和空间经济等具体的几个方面展开探究，以期得到更有针对性的、机制更清晰的结论与启示。众所周知，我国改革开放以来的经济飞速发展对外贸的依存度一直很高，换言之外贸对地区经济增长的价值几乎是举足轻重的。因此，我们首先考察和识别高铁网络对地区外贸的影响。

交通基础设施一直被视作国家发展不可或缺的要素之一，对经济活动的重要影响被广泛的探讨（Bradford et al.，1973；Krugman，1980；Helpman & Krugman，1985；Mcmillen & Smith，2003）。其中关于降低货运成本的交通基础设施（如公路系统和传统铁路）和降低城市内部通勤成本的交通基础设施（如公共汽车、巴士和地铁）对经济的影响研究已经非常丰富，但却较少有研究关注降低旅客出行成本的交通运输，如高铁。高铁是20世纪中后期交通领域最新的技术创新，它高效、安全、节能等诸多优良特性使得发展前景被普遍地看好。

5.1 背景介绍及研究基础

5.1.1 背景介绍

通达的交通会加速人口、资本的外流，各类市场要素总是往中心地区集聚。过去的二十年间（1998～2018年），大规模道路基础设施的经济影响评估不断引起学者的关注，评估涉及生产力水平、工业发展、经济增长、地区就业等方面（Hoyle & Smith，1992；Saito Y et al.，2015；Combes et al.，2012；Mohino et al.，2014；Lin，2017）。关于高铁的经济效益研究最早可以追溯到1964年（日本开通了世界上第一条高铁“新干线”），但研究结论却始终莫衷一是。如佐佐木等（1997）、里特维德等（Rietveld et al.，2001）以日本新干线为对象的研究显示高铁促进地区发展和就业增加，并且没有引起地区间不均衡，而蒙松等（Monzón，2013）、维克曼（1997）对欧洲高铁的研究则发现高铁使地区发展的不均衡性提高，产生了经济集聚效应。马丁和农贝拉（Martín & Nombela，2007）、加里布里埃尔等（Gabriel et al.，2010）、卡诺兹等（Charnoz et al.，2017）分别以西班牙、德国和法国高铁为例，从理论上分析得出了高铁增强经济集聚的结论。以中国高铁为对象的研究最早是郑恩齐和卡恩（Zheng & Kahn，2013），发现高铁促进了房价的攀升，而且存在着提前效应。林娅棠（2017）探究得到了中国高铁带来的市场准入提高对城市就业的正向影响，张克中和陶东杰（2016）、柯晓等（2017）、秦宇（2017）、张梦婷等（2018）则关注了中国高铁对地区经济增长的异质性，分别就城市规模、高铁线路和城市类型展开分析和验证。这些文献从不同的角度为评估高铁的经济效益，乃至理解其中的作用机理，提供了富有启发意义的经验证据。不难发现，处于不同发展时期或不同国家关于高铁的研究结论不尽相同，甚至出现相悖，如欧洲高铁对经济的集聚效应被普遍论证，然而在对日本高铁的研究中这一结论却并不成立。此外，这些研究多为高铁对某些特定方面的净效应结果，少有对作用机制的解读，更鲜有进一步探究高铁引致的不太明显的后果。一个例外是伯纳德等（Bernard et al.，2015）系统地分析了日本高铁“新干线”对公司供应商网络形成的影响，提出并验证了高铁便利了管理人员的流通，有助于信息的传递，提高了生产者和供应商之间的匹配效率，因而正向影响沿线企业的绩效。

过去一两年来，引进人才当属区域经济最热门的话题之一。2019年3月，石家庄推出的“零门槛落户”政策，更是将它推向了新的高度。一线城市北京2018年的常住人口2154.2万人，比上年末减少16.5万人，在2017年首次负增长之后继续延续；同年，上海增长只有5.45万，减去自然增长数，几乎处于净流出的状态。北京和上海的人口都超过了两千万，城市建设和土地供应达到了一定的上限，所以近两年来开始严格控制人口，向外转移疏解部分职能。高铁一度也造成了让中小城市迎来“春天”的错觉，然而既有研究发现高铁并没有对沿线城市产生一致性带动影响，相反它和人口积聚呈现出负相关。比如沿江高铁通道沿线，70%的城市出现了常住人口下降（见图5.1）。中国自2008年第一条高速铁路——“京津城际高铁”开通运营以来，8年内开创了“八纵八横”的高铁网络格局。中国高铁的飞速发展，极大地完善了国内交通网络，为经济发展打开了新局面。当前，越来越多的国内外研究关注到交通基础设施建设引致的国内贸易成本变化对贸易的影响（Liu et al.，2017；Donaldson，2018；Trevor & Zhu，2019）。然而，尽管大量研究表明交通基础设施通过降低货物运输成本促进外贸，但是较少有人关注旨在降低客运成本的基础设施建设对外贸的影响。高铁作为客运专线，为探究人员流动对外贸的影响提供了便利。高铁“高投入、低效率”的现状也使得部分学者提出“警惕高铁成为撞击中国经济的灰犀牛”①。

① 赵坚．谨防高铁灰犀牛［EB/OL］．财新网，2019-1-28.

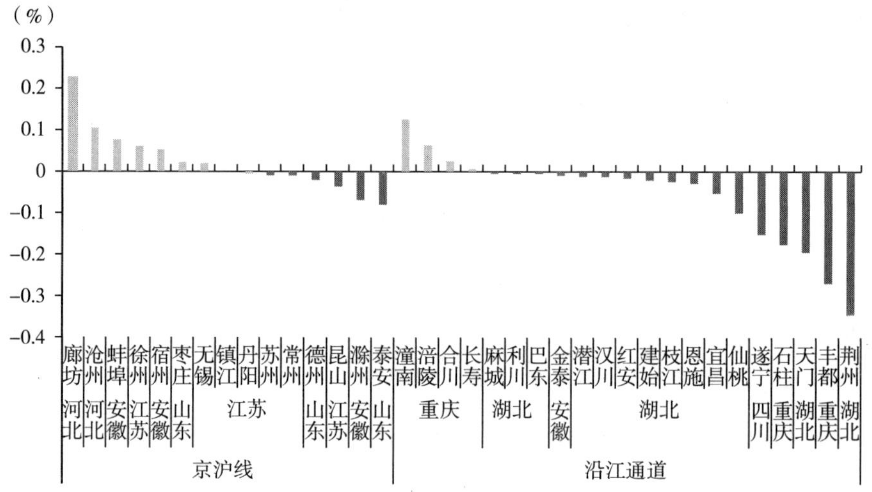

图 5.1 京沪线和沿江通道沿线高铁通车后地方常住人口比重的变化

资料来源：万得数据库（Wind）和地方政府统计公报等公开数据。中泰证券研究所绘制。

5.1.2 中国的外贸发展

从发展阶段上来看，中国的对外贸易大致可分为三个阶段：第一阶段（1978～1992 年），党的十一届三中全会确立了改革开放的发展战略，党的十四大的召开确立了社会主义市场经济改革目标，市场经济的活力因此被进一步释放，对外贸产生显著的利好。在这一时期内中国贸易额增长虽然缓慢但开始起步，国际代工模式仍处于试探期，加工贸易发展成为对外出口的主要力量之一；第二阶段（1993～2001 年），这期间市场逐渐开始发挥资源配置的基础性作用，尤为重要的是 2001 年中国加入世界贸易组织（WTO）。中国的进出口规模在这 8 年间相继越过了 2000 亿美元、3000 亿美元、4000 亿美元和 5000 亿美元的大关；第三阶段（2001 年至今），从 2001 年正式加入 WTO，中国更加全面、深度地参与到全球经济竞争中，并积极践行自由贸易理论，大幅开放国内市场，为外贸发展提供了又一个强劲动力元素。

图 5. 2 呈现了 1998 ~ 2017 年中国进出口贸易情况。2001 ~ 2008 年期间以国际贸易广泛发展为特征的开放经济成为促进中国经济增长的核心动力。2008 年全球金融危机，中国的国际贸易面临困境。中国跨越刘易斯拐点之后，一直以来依赖低廉劳动力比较优势的加工贸易已经不能成为贸易发展的主要驱动力。在 2013 年中国成为世界第一大货物贸易国，标志着中国实现了由“贸易小国”向“贸易大国”的转变。

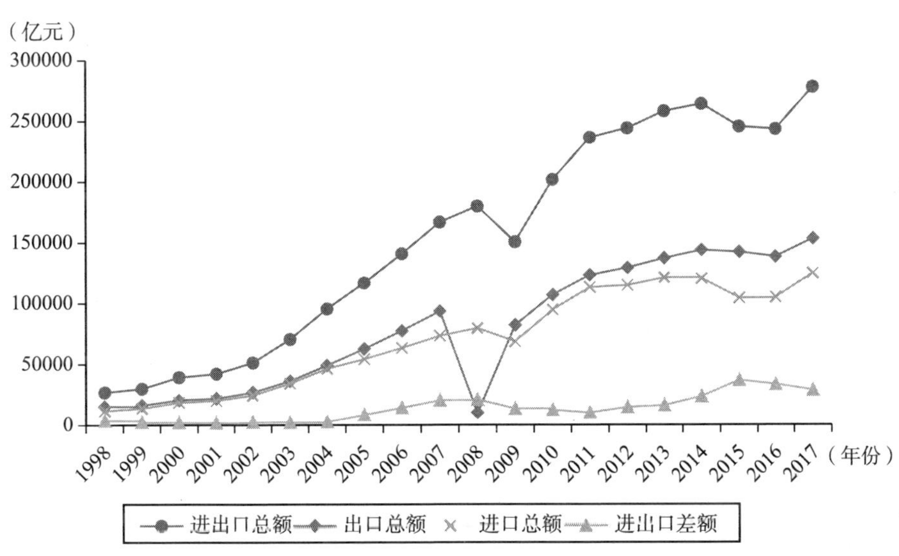

图 5. 2　1998 ~ 2017 年中国进出口贸易情况

资料来源：笔者根据国家统计局数据整理制作而来。

图 5. 3 是中国 1998 ~ 2017 年出口货物金额按 SITC① （国际贸易标准分类法）分类的情况。总的来看，出口商品中初级产品所占比重较低，而工业制成品比重高。初级产品的出口受经济环境外生冲击的影响波动相较

① SITC 由联合国统计局制定，用于统一各国对外贸易商品的分类。分为两大类：初级产品（X）及工业制成品（Y），在初级产品下又分为食品及主要供食用的货物（X1），饮料及烟酒（X2），非食用原料（X3），矿物燃料、润滑油及有关原料（X4），动植物油脂及蜡（X5）。在工业制成品目录下，又分为化学品及有关产品（Y1），轻纺产品、橡胶制品矿冶产品（Y2）、机械及运输设备（Y3）。

于工业制成品较小，在图 5.3 中表现为受到外生冲击（如 2008 年金融危机）的波动幅度远小于后者。总的来看，就出口品类而言，目前中国出口制造产品中低附加值领域的比重依然较高，这意味着绝大多数参与出口的生产商在国际分工中实际可能仍然处于“微笑曲线”的下部（即产业链的中低端）。

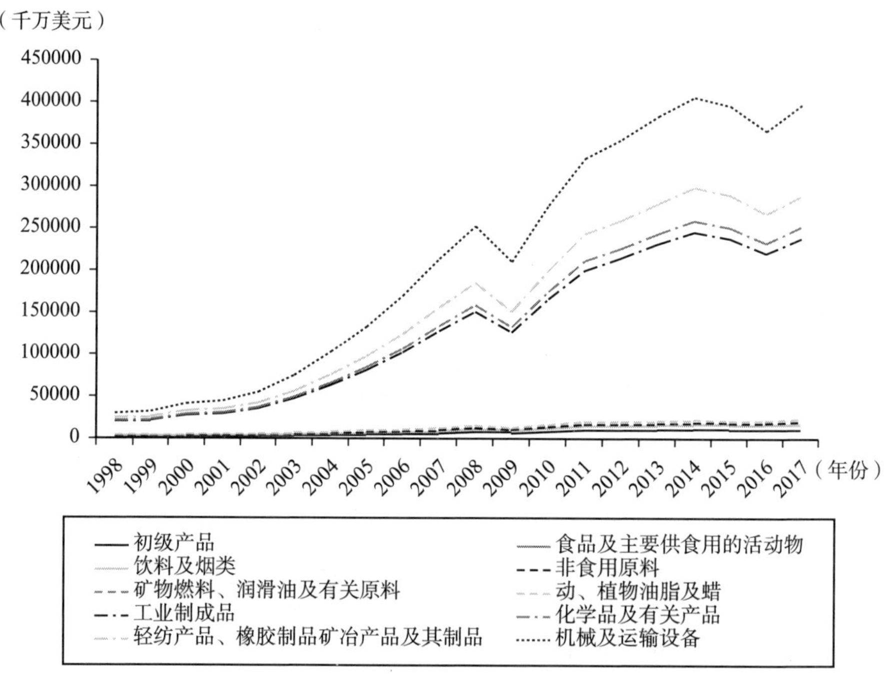

图 5.3　1998 ~ 2017 年中国出口货物金额按 SITC 分类情况

注：图为堆积折线图，图中没有报告杂项制品和其他商品。
资料来源：笔者根据国家统计局数据整理制作而来。

图 5.4 报告了 1998 ~ 2016 年间中国同各大洲海关货物出口总额的变化情况①。可见，亚洲一直是中国出口的主要目的地，但 2014 年之后出口

---

① 从出口目的地的视角考察贸易发展及效应也是一个较为经典的方式，如钱学锋和余戈（2014）考察了出口市场多元化对出口企业生产率的影响，探究二者之间的显著负向关系，这一结果在一定程度上解释了中国出口市场多元化进程相对缓慢的事实，从企业的角度来看这也可以解释其缺乏开拓新市场、不愿承担新市场较高风险等现实，进一步地理解为出口扩展边际增长相较于集约边际增长更缓慢。

量出现了一定的下降。自 2001 年中国加入 WTO 开始，向北美洲和欧洲的出口量不断增长。2008 年的全球金融危机，出口比重最高的亚洲市场受影响最为显著。从 2009 年开始，面向非洲市场和拉丁美洲市场的出口发展势头强劲。

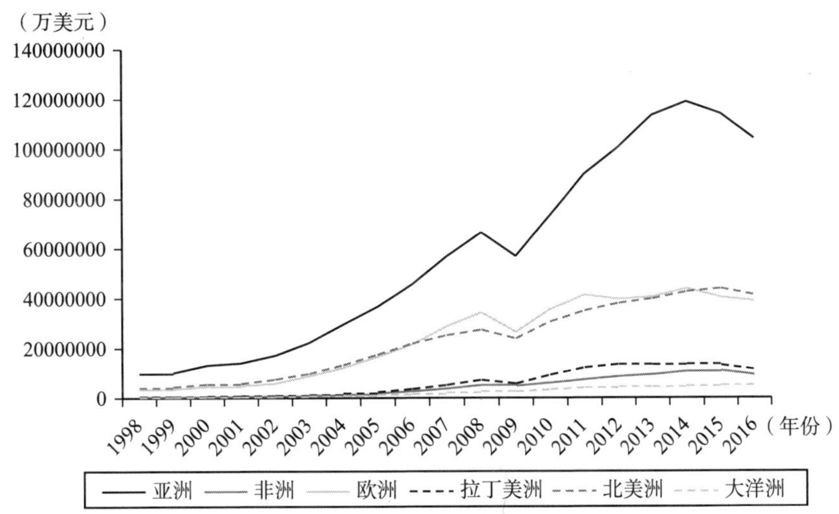

图 5.4　1998 ~ 2016 年中国同各大洲海关货物出口总额情况

资料来源：笔者根据国家统计局数据整理制作而来。

图 5.5、图 5.6、图 5.7 是按出口发生地，即关于中国国内各地区（东部、中部和西部[①]）的进出口情况进行的描述（1998 ~ 2017 年）。具体的，我们将省份层面的对外贸易数据按照地域——东中西部进行加总，以期观察和描述地区间外贸发展进程的差异。目前无论学界还是政府研究，关于中国国内地区间外贸发展情况的一个共识已经基本达成，即由于

① “东中西部地区的划分，既不是行政区划，也不是地理概念，而只是政策上的划分”（国家发展和改革委员会）。其中，东部是指最早实行沿海开放政策并且经济发展水平较高的省市；中部是指经济次发达地区，而西部则是指经济欠发达的地区。具体的，东部地区包括北京、天津、河北、辽宁、上海、江苏、浙江、福建、山东、广东和海南 11 个省（市）；中部地区包括山西、内蒙古、吉林、黑龙江、安徽、江西、河南、湖北、湖南、广西 10 个省（自治区）；西部地区包括四川、贵州、云南、西藏、陕西、甘肃、青海、宁夏、新疆 9 个省（自治区）。

地理条件和历史发展原因，东部沿海地区的对外发展程度显著高于中西部地区。图 5. 6 和图 5. 7 是对细分进口和出口的东中西部地区外贸发展情况的比较[①]。从三者比重分布的时间序列变化可以更加直观地发现，中西部地区（尤其是中部）的进口自 2009 年开始有了显著的增长，而在 2010 ~ 2011 年中西部地区出口增速稍滞后于进口的发展。如图 5. 7 所示，东部地区从样本窗口开始，在对外贸易体量上始终遥遥领先，这与现实中东部地区，特别是东部沿海城市得益于靠近港口的良好区位优势和政策倾斜而率先实现外向型经济的现实高度相符。从图 5. 7 中还可以观察到，东中西部地区外贸发展的差距，在中国加入 WTO（2001 年）之后进一步加快。而 2008 年后，中部地区和西部地区的外贸发展势头强劲。

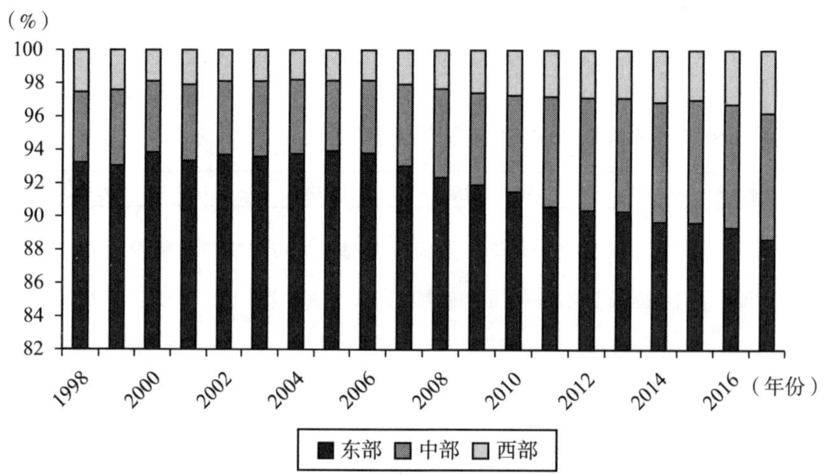

图 5. 5 1998 ~ 2017 年中国东中西部地区进口比重变化

资料来源：笔者根据国家统计局数据整理制作而来。

① 中国地区间（东中西部）跨度大，经济发展水平和贸易开放度存在很大差异，这一结论在既有文献中已经达成了基本的共识（裴长洪，2005；许和连等，2006），也正因为如此，区分东中西部地区讨论地区异质性也是文献中的常见处理。

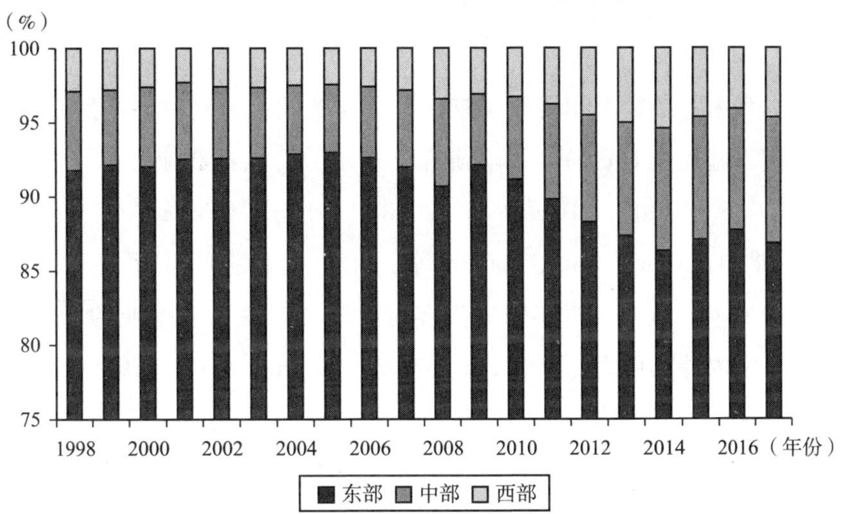

图5.6　1998～2017年中国东中西部地区出口比重变化

资料来源：笔者根据国家统计局数据整理制作而来。

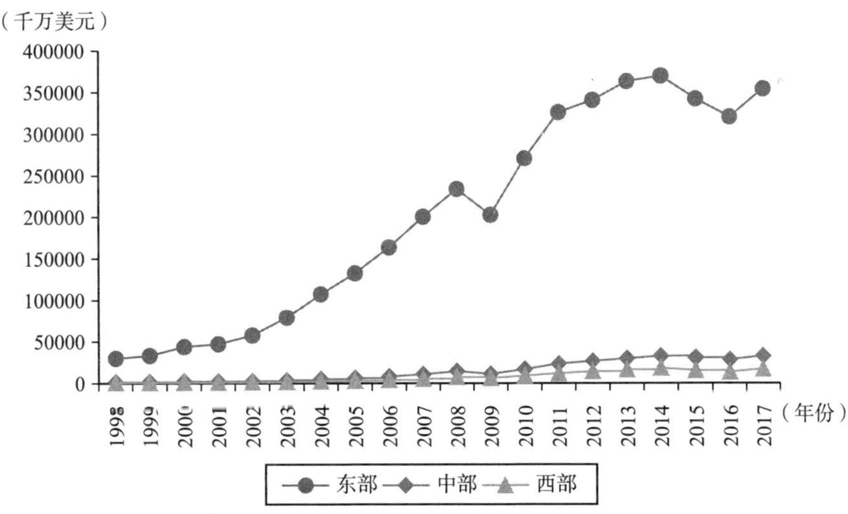

图5.7　1998～2017年中国东中西部地区进出口总额情况

资料来源：笔者根据国家统计局数据整理制作而来。

5.1.3 相关文献评述

与本章内容最紧密相关的文献，是交通基础设施对贸易的影响研究。有关基础设施建设对贸易的影响研究层出不穷，包括高速公路（Coşar & Demir，2016）、铁路（Donaldson，2018）、机场（Cristea，2011；Startz，2016）、港口（Clark et al.，2004）等。然而，相关研究往往集中于讨论货物运输成本的减少。近年来关于客运专线“高铁”对企业的影响研究逐渐成了国内外的研究热点。如卡诺兹等（Charnoz et al.，2018）发现高铁显著增强了分支机构与企业总部之间的联系，提高了企业管理效率，带来了企业利润率的提高；伯纳德等（Bernard et al.，2019）发现日本新干线为企业管理者带来了更多的面对面交流机会，改进了企业采购和供应效率，进而提高企业生产率和绩效水平；开亚文和施密德（Heuermann & Schmieder，2018）以德国高铁扩张为准自然实验，发现地区间通勤时间每降低1%会带来通勤者0.25%的增加。然而，目前却鲜有文献关注高铁对贸易的影响。

基于中国企业层面的一些实证研究得出了中国制造业企业与出口贸易之间的“生产率悖论”（LU，2010；李春顶，2010；范剑勇和冯猛，2013）。紧随而来涌现了大量对此悖论现象解释和分析，如戴觅（2014）认为悖论现象源自中国出口中加工贸易企业过高的比重，赵玉奇和柯善咨（2016）认为这是由于我国国内市场分割的现实与贸易理论模型的“市场一体化”假设不符导致的，等等。

以往研究中关于基础设施评估所采用方法也与本书密切相关。道路基础设施评估较为传统的是“成本收益分析法”，但是由于“收益”仅针对直接的经济产出，方法的准确性和科学性颇受争议。目前一个基本的共识已经达成，即传统成本收益理论对大规模交通建设的解释力是不够的（Vickerman，2007；OECD－ITF，2008；DfT，2009；World Bank，2014）。已有研究中已经针对道路的路线走向和节点城市的内生性问题提出了多种解决对策，最常见的是工具变量法（IV）（Chandra & Thompsin，2000；Baum - Snow，2007；Duranton & Turner，2012；Faber，2014；Baum - Snow et al.，2015）。例如，唐纳森（2011）分析铁路对社会福利的影响，认为铁路基础设施是基于贸易成本的降低，影响了贸易进而对社会福利产生影响。他的研究框架基于伊藤和科腾（Eaton & Kortum，2002）的模型，构建了体现贸易成本的铁路—贸易一般均衡模型，首先检验了铁路对地区贸易成本减少的影响程度，其次检验这种贸易成本降低所带来贸易的增加程度，再次检验贸易中的这种变化对贸易商品的价格影响，在这三步实证结论之上，最后检验铁路对真实收入水平的影响。在基准估计之后，采用IV方法来解决模型可能的内生性问题。具体的，1876～1878年印度爆发了大饥荒，因此1880年成立了英国官方议会委员会——印度饥荒委员会，旨在研究饥荒产生的原因和对策，该委员会创造性地提出铁路能预防饥荒，且那些缺少雨水的地区被作为修建铁路的重点区域。因此1876～1878年间地区降水对铁路的修建有很强的“预测”，雨水量（滞后10年）在唐纳森的研究中被作为铁路的工具变量。又如法伯尔（Faber，2014），也是采用了IV方法，利用地理信息运算开发成本作为高速公路的工具变量。其他的方法还有自然实验法、双重差分（DID）、断点回归（RD）以及倾向得分匹配（PSM）（Donaldson，2015；Casaburi et al.，2013）等。例如，柯晓等（2017）是基于谢长泰等（2012）的面板数据估计方法，检验高铁对城市人均实际国民生产总值的影响。谢长泰等（2012）的方法是一种“不依赖于理论的测量方法”（Ching et al.，2012），分别利用可观察选择和不可观察选择来避免选择偏差。在柯晓等（2017）中用非高铁城市的信息预测高铁城市如果没有通高铁会出现怎样的结果，两种类型城市分别为通高铁的处理组和没有高铁的控制组。这种方法可以识别城市异质性，并体现高铁带来的城市经济获益在区域层面的空间分布。类似的，林娅棠（2017）所采用的是广义DID的方法，通高铁的城市被视作处理组。

本书在伯纳德等（2015）研究的基础上，以中国高铁为例，试图探究便利城市间人员流通的高铁所能带来的地区出口效应。实证分析得到的主要结论为：第一，高铁的开通对外围城市[①]的出口有显著的负向影响，边际效应为16.1%。稳健性检验中，替换被解释变量和解释变量均得到类似结果；第二，借鉴法伯尔（2014）基于地理信息的最小生成树工具变量法和PSM－DID方法来解决实证模型的内生性问题，均得到稳健的结果。

5.2 实证探究与讨论

5.2.1 数据和实证策略

地级市是本书研究的最主要单元。我们选择地级市层面视角，主要是考虑到中国的高铁站点通常是位于靠近核心城区或远郊的周边农村地区。地级市的社会和经济发展数据来自2000～2015年的《城市统计年鉴》和2000～2014年的《区域统计年鉴》。城市统计年鉴的地级市层面数据涉及农业、服务业、人口、不同部门的就业、平均工资、固定资产投资以及地方政府的财政收支等内容。区域统计年鉴的数据，涉及房地产投资、价格和工业产出等内容。数据主要来自历年的城市统计年鉴，有一些缺失值由相应年份的区域统计年鉴进行补充。地级市城市通常有一个市辖区，市辖区中以城市居民为主，而周边的县市则以农村居民占多数。因此，地区经济产出变量从年鉴中采集了两种类型数据，一个是市辖区层面，另一个是地级市全市范围。在本书研究中，排除缺失值后，剩余数据完整的被列为研究对象的地级市城市共计333个。高铁各条线路的开通运营时间及站点信息等资料，是从铁路部门和政府官方文件及相关新闻报道中整理

① 本书在分析中纳入了结合“中心—外围”理论细分了研究对象，一方面可以解决高铁建设非随机性的问题，另一方面可以考察高铁对不同城市类型的异质性影响。

得来（如中华人民共和国国家铁路管理局、中国铁路总公司和中央政府网等）。

构建工具变量中需要用到的矢量数据（高程数据），来自中国地理空间数据云—DEM 数字高程数据[①]、中国行政区划矢量图[②]以及 2000 ~ 2011 年间的历年中国交通地图册。地理信息数据主要来自地理空间数据云，原始数据为高程数据 SRTM（Shuttle Radar Topography Mission，精度 90M）[③]。借鉴法伯尔（2014）关于高速公路工具变量的构建，本书基于地理信息计算“最小生成树”作为高铁的工具变量，主要基于以下考虑：（1）地理开发成本即地理因素导致的成本，换言之是由地形地貌等地理性因素决定。法伯尔（2014）认为“在排除规划者对地区经济基础的考虑时，地理开发成本的高低理论上是决定高速公路路线走向的重要依据”。以地理开发成本为准则，可以有效地降低规划者偏向经济发达地区带来的内生性问题。（2）高铁与高速公路规划具有相似性，两者都有政策上的目标城市[④]——行政中心和人口密集城市。因而，基于地理信息数据构建工具变量以减小内生性问题的逻辑也适用于高铁。

本书借鉴林娅棠（2017）使用的模型，考察高铁对城市贸易的影响，构建具体模型如下：

$$\ln(\text{Trade per}_{it}) = \alpha + \beta HSR_{it} + \theta V_{it} + \gamma_t + \delta_i + \varepsilon_{it} \tag{5-1}$$

其中，$\ln(\text{Trade per}_{it})$ 表示城市 i，t 年的人均贸易量。主要的解释变量为 HSR_{it}，当城市 i，在 t 年通过高铁则为 1，否则为 0。β 是核心解释变量的估计系数，如果 $\beta<0$ 且显著，则表明高铁负向影响城市贸易增长，反之

---

① 来自中国科学院计算机网络信息中心的开放数据平台。DEM（digital elevation model）数据，是通过有限的地形高程数据实现对地面地形的数字化模拟，一般认为描述包括高程在内的各种地貌因子，如坡度、坡向、坡度变化率等。全球的 DEM 数据（SRTM），在 Consortium for Spatial Information（空间信息联盟）获得。

② 来自国家测绘地理信息局网站。

③ 由美国太空总署（NASA）和国防部国家测绘局（NIMA）联合测量得到。

④ 《国家公路网规划（2013 ~ 2030 年）》指出“国家高速公路全面连接地级行政中心，城镇人口超过 20 万的中等及以上城市，重要交通枢纽和重要边境口岸”。《中长期铁路网规划》（2016）指出“高速铁路网连接主要城市群，基本连接省会城市和其他 50 万人口以上大中城市，形成以特大城市为中心覆盖全国、以省会城市为支点覆盖周边的高速铁路网”。

则表明高铁正向促进城市贸易增长。V_{it}是控制变量，考虑机场、高速公路等其他城市层面的特征变量，用以控制其他可能产生的干扰因素。γ_t 是时间固定效应，用以控制时间维度的宏观经济冲击。δ_i 是城市固定效应，控制不随时间变量变化的城市特征因素。此外，为控制潜在的异方差和序列相关问题，本书参考伯纳德等（2004）的做法，将标准差在城市层面进行聚类调整。

5.2.2 基准回归

5.2.2.1 外围城市①的样本回归

表5.1是通高铁对外围城市贸易影响的基准回归（OLS）的结果。具体来看，模型1是原始回归，只加入了是否通高铁的虚拟变量，回归结果表明高铁显著正向影响贸易。模型2加入了飞机、高速公路和普通铁路等交通设施控制变量，高铁对贸易还是显著正向影响，但是数值明显变小，其他三类交通方式对贸易也是显著正向影响，这说明模型1中高铁对贸易的解释之所以那么大，很可能是把其他几类交通方式都归进去的结果。

表5.1　　外围城市高铁贸易效应的OLS回归结果

变量	模型1 人均贸易额	模型2 人均贸易额	模型3 人均贸易额	模型4 人均贸易额
是否通高铁	1.075 *** (16.49)	0.478 *** (4.83)	0.466 *** (4.46)	-0.151 ** (-2.01)
是否有机场		0.713 *** (4.03)	0.762 *** (3.63)	0.107 (0.74)

① 为了检验虹吸效应还是去中心效应，去掉直辖市、省会城市和副省级城市，保留余下的外围城市进行回归，为的是使“修建高铁”变量更具随机性，结果显示是虹吸效应。

续表

变量	模型1 人均贸易额	模型2 人均贸易额	模型3 人均贸易额	模型4 人均贸易额
高速公路密度		1.032*** (9.08)	1.039*** (8.53)	0.0145 (0.31)
是否有普通铁路		0.502** (2.51)	0.537** (2.53)	-0.180 (-1.08)
城市固定效应			是	是
年固定效应				是
观测值	3805	3394	3394	3394
R^2	0.0454	0.406	0.406	0.693

注：t statistics in parentheses。** $p<0.05$，*** $p<0.01$。
资料来源：笔者整理自制。

模型3在模型2的基础上再增加控制了城市固定效应，结果仍然是显著正向。然而，回归结果还存在遗漏变量的问题，当我们进一步控制年固定效应后（模型4），正向效应转而为显著的负向效应。实际的高铁规划布局以及表5.1第一列的原始回归都显示规划者在规划高铁时，在节点城市之间的具体路线走向选择上更倾向于经过那些政治相对重要、经济相对发达的城市，将它们连入其中，那么高铁对贸易的正向影响就可能并不只是纯理论分析的结论，更有可能是一个重要的实证结果。这一结果表明，如果实证估计的是所有高铁城市的贸易效应，那么就存在正因果反转偏误（positive reverse causality bias），即最小二乘法（OLS）所估计的高铁连接对贸易增长的影响有正向的误差，导致估计结果偏大。基于此，模型4所呈现的估计结果应该是高铁对地区贸易影响的上界值，真正的影响应该是更加小。换言之，可以判断出对那些处于中心城市之间的外围城市，相较于没有通高铁的城市，贸易增长反而会小。

5.2.2.2 中心城市的样本回归

只保留中心城市的回归结果呈现在表5.2，模型4在控制了其他交通方式、城市固定效应和年固定效应后，结果显示高铁对中心城市贸易的正向效应不显著，即虹吸效应不显著。我们认为几个可能的原因：首先，本书所界定的中心城市包含了三类行政级别的城市——直辖市、省会城市和副省级城市，但是值得注意的是，由于对外开放政策实行时间和区位因素等原因，中国的对外贸易主要还是集中在东部地区几个省份（蒋满元，2008；魏浩和王宸，2011）。这样的现实背景下，将中西部地区所有省份的省会城市及副省级城市纳入其中，在控制了城市固定效应和时间效应后，必然会削弱解释变量对被解释变量的支撑，使高铁对贸易的正向影响的偏小。此外，如上文指出，在所有中心城市样本内同样也可能存在由于规划者倾向和实际建设财力、物力等原因，致使经济相对繁荣的城市较早较快地建成了高铁。结合表 5. 2 的模型 1、2、3 来看，在只有高铁，并且控制机场、高速公路的情况下，高铁的影响都是显著为正的，与我们的预期一致。控制了城市固定效应，仍然显著为正。直到控制了时间固定效应后，正效应不再显著。正是由于存在高铁城市的自选择，高铁网络的区域发展呈现了“发端于东部和沿海，逐渐向中西部地区延伸和完善”的趋势，最开始通高铁的那些城市，其所在区域内地区间经济差异不大，从而高铁的贯通对这部分区域的要素流动影响也会相对较小。也正因为这种现实背景的存在，导致早期通高铁对那些中心城市的贸易促进影响较小，进而稀释了总的回归结果，使得高铁对中心城市贸易的影响被弱化，在回归结果中体现为削弱了高铁的正向影响。但是，这一结果并没有与前一结果产生冲突，接下来我们将进一步探究高铁贸易效应可能的作用机制，通过机制分析更好的解释。

表 5. 2　　只保留中心城市的高铁贸易效应回归结果

变量	模型 1 人均贸易额	模型 2 人均贸易额	模型 3 人均贸易额	模型 4 人均贸易额
是否通高铁	0. 928 *** (12. 15)	0. 521 *** (4. 26)	0. 520 *** (4. 10)	0. 0398 (0. 51)

续表

变量	模型 1 人均贸易额	模型 2 人均贸易额	模型 3 人均贸易额	模型 4 人均贸易额
是否有机场		0.350 * (1.73)	0.356 * (1.68)	0.0285 (0.22)
高速公路密度		0.754 *** (6.35)	0.753 *** (6.03)	0.151 * (1.90)
是否有普通铁路		-0.0772 (-0.39)	-0.0738 (-0.35)	-0.525 (-1.53)
城市固定效应			是	是
年固定效应				是
观测值	514	498	498	498
R^2	0.320	0.574	0.574	0.754

注：t statistics in parentheses。 * $p<0.1$， *** $p<0.01$。
资料来源：笔者整理自制。

5.2.3　稳健性检验

在基准模型估计的基础上，本书采用三种策略进行稳健性检验以增强结论的可信度：一是对出口分样本的回归，二是对进口分样本的回归，三是用高铁修建的年份代替高铁开通年份进行回归。表 5.3 第二列和第三列结果显示，高铁对外围城市的出口存在显著的虹吸效应，但是对地区进口的影响不显著，这意味着高铁对贸易总的负向结果可能主要是由高铁开通后引致的这些城市出口的减少导致的。一般，从开始修建高铁到正式建成通车至少间隔两三年，具体的时间取决于修建里程、施工难度及与地方政府各方面协调等诸多因素，而高铁的经济效应有可能在正式建成通车之间就产生了，即当地政府得知会有高铁通过，投资等要素的正向经济影响可能具有提前效应。基于这一考虑，我们采用修建高铁数据进行稳健性检验，表 5.3 的第四列显示，“开始修建高铁”对外围城市贸易的影响也是显著为负，说明通高铁这个信号就已经开始对外围城市的贸易产生冲击。

综上所述，稳健性检验的结论支持了基准回归的结论。

表 5.3 高铁对地区外贸影响的稳健性检验

变量	模型 1 人均出口贸易额	模型 2 人均进口贸易额	模型 3 人均贸易额
是否通高铁	-0.0784 * (-1.95)	0.0216 (0.20)	
开始修高铁			-0.107 ** (-2.51)
是否有机场	-0.207 (-1.26)	0.363 ** (2.18)	0.120 (0.82)
高速公路密度	0.0451 (0.75)	-0.0589 (-0.63)	0.0148 (0.32)
是否有普通铁路	-0.152 (-0.82)	-0.0108 (-0.04)	-0.190 (-1.16)
城市固定效应	是	是	是
年固定效应	是	是	是
观测值	3443	3265	3396
R^2	0.577	0.439	0.693

注：t statistics in parentheses。 * p <0.1， ** p <0.05。
资料来源：笔者整理自制。

5.2.4 内生性问题处理

本书中内生性问题主要来自高铁修建的非随机性。已有文献指出，那些经济发展基础较好的地区往往更容易连接交通基础设施，高铁的路线规划亦是如此（戴学珍等，2016）。出于行政管理的需要，国家在规划中明确指出，高铁建设旨在连接直辖市和省会城市等区域中心城市。而位于这些城市的企业一般被认为拥有区位优势，可能原本就相对于位于其他城市的企业有领先优势，因而会在出口上有更显著的表现。因此，在回归模型中，我们去除“直辖市、省会城市和副省级城市”。此外，我们借鉴刘青等（2017）控制省份—时间固定效应和行业—时间固定效应，以控制地区和行业层面的时间趋势。由于开通高铁为城市层面数据，无法控制城市—时间固定效应，我们进一步控制了城市层面相关特征，以减少由城市特征所致的内生性问题。对于回归模型不能解决的由测量误差和遗漏变量所致的内生性问题，我们进一步采用工具变量法（Redding & Turner, 2015）和 PSM - DID 尝试进行解决①。

5.2.4.1 PSM - DID

（1）特征性事实。

为找到控制组和处理组的具体对象，我们筛选出修建高铁的城市和未修建高铁的城市，然后观察修建高铁城市的贸易在修建前后的变化。将两类城市从 T - 4 到 T4 期人均贸易量对数值的变化置于图 5.8 中，可以发现：第一，在 t < 0 修建高铁前阶段，修建高铁的城市贸易量多于未修建高铁的城市，说明高铁的修建存在自选择效应；第二，在 t < 0 修建高铁前阶段，两类城市人均贸易量对数值的时间趋势基本保持一致，仅未修建高铁的城市在 T - 1 到 T0 期出现了下降的跳跃；第三，在 t > 0 修建高铁后阶段，修建高铁人均贸易量对数值先是与没有修建高铁的城市有一个同趋势的上升，但在 T3 到 T4 出现明显的下降的变量。说明城市修建高铁与城市贸易之间存在一定的关联。简单的描述性统计虽然并不能证明修建高铁与城市贸易之间的因果关系，却为我们之后使用 PSM - DID 的方法更精确地估计修建高铁对城市贸易的作用提供了初步的依据。

① 雷丁和特纳（Redding & Turner, 2015）系统总结了已有研究中关于交通基础设施的工具变量选择主要的三种策略：（1）从规划图和规划文本中找准随机变量。（2）从历史性路线中找准随机变量。（3）“意料之外”的布局方式。具体指可以影响交通基础设施的规划，但又不会受规划者倾向影响的因素。结合文献和资料的梳理，本书采用第三种策略寻找工具变量。

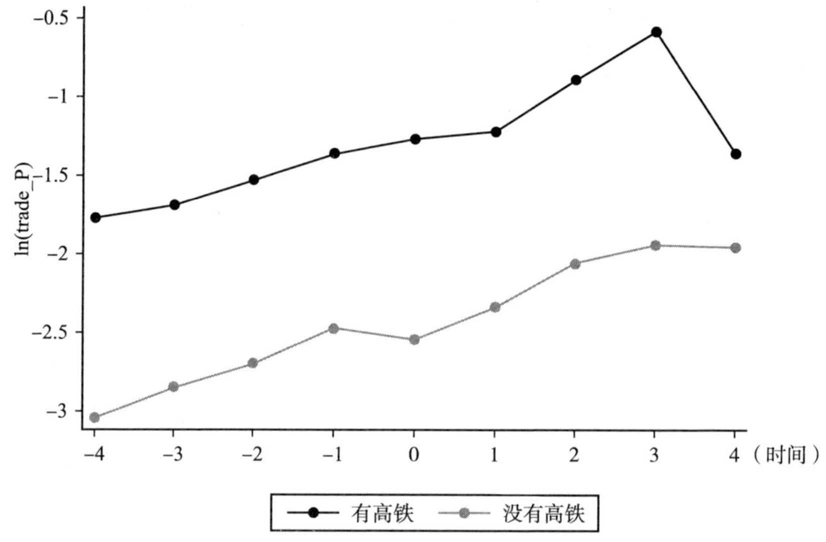

图 5.8　城市修高铁前后各期贸易情况

资料来源：根据数据回归结果，笔者自制。

（2）PSM－DID 原理。

城市控制及识别假设。中国高铁的运营规模是史无前例的，而且中国高铁的快速扩张，在一定程度上又使得任一城市“连入高铁网络与否”成为一个准外生变量（quasi exogenous variables），两个条件下使其成为一个拟自然实验的理想变量，中国高铁因而成为研究高铁经济效应的理想对象。高铁对人们的出行模式和企业的区位选择有着显著的影响（Bradsher，2013），对贸易的影响在理想情况下，应该等于修建高铁的城市修建高铁后的贸易量与其选择不修建高铁后的贸易量的差，如式（5－2）所示：

$$E\{ZL_{is}^{1}-ZL_{is}^{0}\mid START_{i}=1\}=E\{ZL_{is}^{1}\mid START_{i}=1\}-E\{ZL_{is}^{0}\mid START_{i}=1\} \tag{5-2}$$

然而，我们也知道经济状况越好的城市往往越倾向于修建高铁，同时经济状况好的城市贸易量也更大，即存在选择性偏误（selection bias），这会导致修建高铁效应的估计结果有偏。为了解决这一问题，本书参照德·洛克尔（De Loecker，2007）等学者的做法，采用了 PSM－DID——倾向值匹配后的双重差分（propensity score matching-difference in differences，PSM - DID）的方法进行估计。倾向评分匹配，其原理是筛选出处理组城市（修建高铁城市）和比较组城市（未修建高铁城市）；然后通过匹配从比较组城市（未修建高铁城市）中选出与处理组城市（修建高铁城市）尽可能相近的一组城市，在一定程度上消除城市可观测因素的影响；最后再采用双重差分法估计修建高铁的贸易效应[①]。这一方法被广泛应用于政策评估的研究中（De Loecker，2007；Utar，2009；邱斌，2012；Dai & Yu，2013）。

（3）PSM + DID 方法估计高铁的贸易效应。

为了获取城市修建高铁的倾向值，我们需要筛选出对应年份新修建高铁的城市和一直未修建高铁的城市，以修建高铁与否作为因变量，以修建高铁前一年可观测的城市特征变量作为自变量，进行 Logit 估计，再根据估计得出的城市修建倾向值。我们采用 1 : 2 临近匹配的方法[②]为处理组城市筛选出配对城市。匹配质量关乎我们最后因果效应的估计是否可信，在匹配过后我们需要对其进行检验。有效的匹配应该使得匹配结果满足平衡性检验和共同支持检验。本书分别对各年的匹配结果进行了以上两种检验。

共同支撑假设则要求两组样本之间的出口倾向值的分布相同。各年的共同支撑检验结果均显示，匹配前，两组城市的修建高铁倾向值的分布有明显差异；匹配后，两组城市修建高铁倾向值分布变得相对重合。图 5.9 和图 5.10 为 2013 年匹配前后修建高铁倾向值分布图，从中可以看出上述规律。

---

① 这一处理参照了布伦德尔和哥斯达黎加（Blundell & Costa Dias，2000）的建议，在匹配中融入双重差分法，减少非参数估计的偏差。

② 采用 1 : 2 临近匹配的方法进行匹配，主要是从估计效率角度考虑。在稳健性检验中我们还采用了其他配对方法，结果依然稳健。

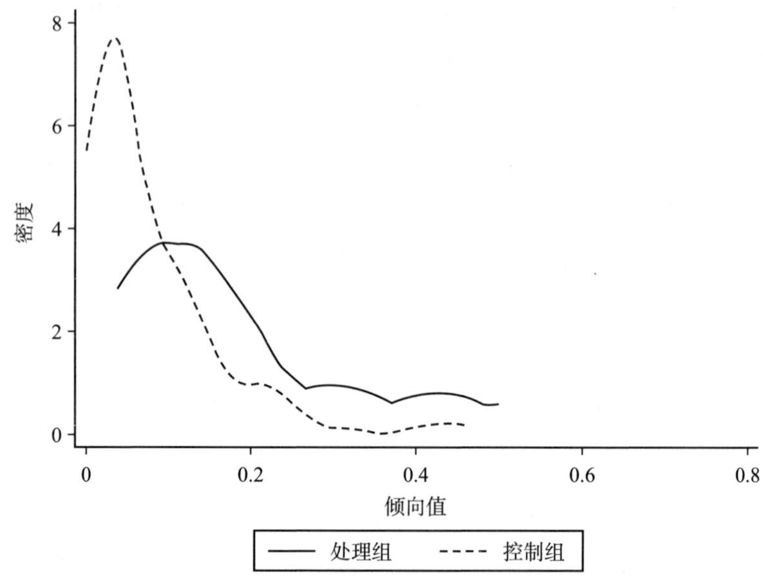

图 5.9　共同支持假设检验结果—匹配前（2013 年）

资料来源：根据数据回归结果，笔者自制。

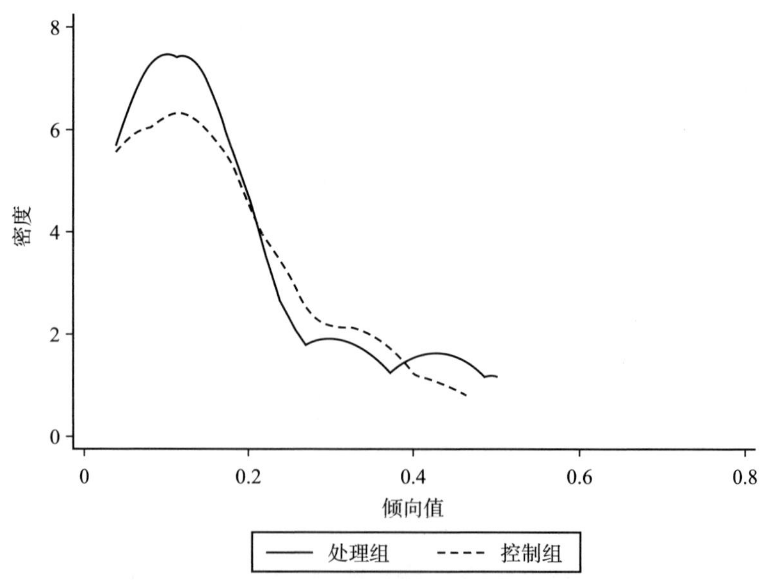

图 5.10　共同支持假设检验结果—匹配后（2013 年）

资料来源：根据数据回归结果，笔者自制。

通高铁对城市贸易影响的估计结果，如表 5.4 所示，该估计值反映了修建高铁前后各年因为修建高铁而导致的城市年人均贸易量对数值的变化量，通过该估计值的正负以及是否显著异于 0，我们可以判断修建高铁是促进还是抑制了城市贸易，以及这些影响是否在统计上显著。

分别匹配，把高铁开通运营那年调整为 0，1、2、3、4 表示修建后的第 1、2、3、4 年，负数 1、2、3、4 则是修建前的第 1、2、3、4 年。发现开通后第三年对贸易的影响开始出现负的了。从表 5.4 的汇总结果可以发现：（1）识别了高铁确实负向影响外围城市的贸易，证明了中心城市的虹吸效应；（2）高铁对外围城市的负向贸易影响基本上是修建高铁的第三年左右出现。

表 5.4　　高铁的贸易效应：PSM – DID 回归结果

T	–4	–3	–2	–1	0	1	2	3	4
贸易	–0.092 (–0.66)	–0.125 (–0.90)	–0.192 (–1.25)	–0.214 (–1.33)	–0.173 (–1.03)	–0.103 (–0.49)	–0.286 (–1.23)	–0.513* (–1.73)	–0.885* (–1.68)

注：* $p<0.1$。

5.2.4.2　工具变量法

虽然本书的回归中以“外围城市”为研究样本，尽量减小高铁修建的非随机性问题，但是不能完全避免由于规划者对经济基础好或区位优势显著的地方的偏好而导致的内生性问题。因此，本书进一步采用了工具变量法来处理，工具变量法，已经属于识别交通基础设施影响中一个较为常用的方法。

借鉴法伯尔（2014）高速公路工具变量的选用原理，本书也以“最小生成树”（least cost path spanning tree networks）为高铁的工具变量。本书参考法伯尔（2014）构建高速公路工具变量的思路，利用空间地理信息计算地理开发成本，为开通高铁构建工具变量。除了同为现代交通运输方式，高速公路与高铁的可比性，还体现在国家规划中这二者有着较高相似性的目标城市[①]。基于地理信息的“最小生成树”可以影响高铁的规划（相关性）[②]，又不会受规划者倾向的影响（外生性），因而满足了工具变量的要求。此外，有两点需要补充说明：（1）由于构造的工具变量取决于地理信息数据，不随时间变动，因此本书选取样本最后一年 2011 年来对工具变量的结果进行回归。（2）构造工具变量需要选择相应的靶点城市，本书根据高铁的规划将省会城市作为靶点城市[③]。

$$cost_i = 0.3water_i + 0.4slope_i + 0.3grads_i \quad (5-3)$$

将高程数据导入 Arc - GIS 后，先进行镶嵌和按国界形状裁剪等图像文件的预处理。正式的信息处理步骤为：首先利用空间分析模块，从原始数据中提取各单元格（cell size，是栅格文件的最小单元）的水文信息（$water_i$）、坡度信息（$slope_i$）和起伏度信息（$grads_i$），再利用栅格计算器按地理开发成本公式（5-3）（汤国安，2012；张梦婷等，2018）计算得出地图上每个单元格的地理开发成本。然后，调用 GIS 的空间分析模块，给定靶点城市——所有“省会城市”以及所有单元格的开发成本两个数据输入，运行后便可得到各点按“地理开发成本最低”原则的成本路径（cost path）[④]。最后将栅格数据导出，得到关于各地级市是否“该通高铁”的虚拟变量（0-1），并以此为高铁的工具变量。

---

① 高速公路：全面连接地级行政中心，城镇人口超过 20 万的中等及以上城市、重要交通枢纽和重要边境口岸（《国家公路网规划（2010 年～2030 年）》）；高铁：连接主要城市群，基本连接省会城市和其他 50 万人口以上大中城市（《中长期铁路网规划（2016 年）》）。

② 虽然没有直接证据显示高铁路线规划仅取决于建造成本，但根据中国铁路设计院工程师介绍，“铁路选线设计”目的是找出并争取两个有待连接城市之间的技术经济最优方案。因此，决定建造成本的地形、地貌、环境敏感、是否为矿区等信息都需要全面收集和考量，并且在实际决策过程中地理信息确实有举足轻重的作用。高铁是否经过你家门口，究竟谁说了算［EB/OL］. 搜狐网，2017-4-9.

③ 我们还尝试将省会城市、直辖市和其他 50 万人口以上大中城市作为靶点城市来构造工具变量，得出一致结果（感兴趣的读者可以向笔者索取）。

④ 即输入为靶点城市（起点、终点）和成本栅格文件，输出为最优路径（最低开发建造成本）网络。

表5.5 工具变量回归结果

变量	模型1 second stage 人均贸易额对数	模型2 reduced regression 人均贸易额对数	模型3 first stage 高速铁路
高速铁路	-3.153 ** (-2.36)		
工具变量		-0.143 *** (-2.69)	0.0404 *** (4.55)
控制变量	√	√	√
观测数	257	257	257
R^2	0.4984	0.603	0.125
F值			20.641

注：T statistics in parentheses。*** p<0.01。
资料来源：根据结果，笔者自制。

表5.5呈现的是工具变量的回归结果。第一列为高铁对贸易的二阶段回归，结果显示影响显著为负，与理论分析一致。第二列为工具变量对贸易的约简回归结果，也是显著为负，作用方向没有变化但是数值明显变小，这反映了工具变量的使用进一步减小了基准回归的内生性问题。第三列为工具变量对高铁的一阶段回归，F值大于20，大于施泰格和施托克（Staiger & Stock，1997）提出的相关工具变量一阶段的经验值10，因而拒绝弱工具变量的假设，提示工具变量的有效性。结果为显著正，说明两者之间相关度很高，而且用地理信息计算得来的数据又确保其不受地区经济发展水平的影响，此为工具变量选用合理性的再度验证。总的来看，工具变量回归结果与我们预期非常相近，与理论分析契合度较高，不难发现工具变量的回归结果与基准回归结果保持一致。值得注意的是，工具变量估计的结果与普通最小二乘法估计的结果相比，回归系数提高较大。这表明，高铁修建这一行为的内生性使得最小二乘法回归产生向下偏移，从而放大了高铁对外围城市负向贸易效应的作用。

5.3 本章小结

随着贸易自由化的推进与互联网的发展，关税壁垒和贸易往来中基础信息的交流对贸易的阻碍效应在不断弱化，而获取一些复杂信息，如对市场的了解、企业间供应关系的建立、港口通关时的信息交流等对贸易起着日益重要的作用。而人与人之间的面对面交流对于获取这些复杂信息至关重要。作为具有压缩时空作用的全国性基础设施，高铁有效地改变了地理距离造成的时空约束条件，显著地便利了人员的流动。本章着眼于高铁网络对地区外贸的影响研究。基于中国高速铁路的发展速度和发展规模，它被视为理想的研究对象。具体的，我们首先对中国高铁进行了详细的背景梳理，对其形成了一个较为系统的认识和总结，同时为实证分析奠定基础。接着，本书结合1999~2013年中国城市数据和高铁数据进行了基准回归，基于中心—外围理论细分城市类型为中心城市和外围城市。回归结果显示了高铁对贸易影响的城市异质性，具体表现为对外围城市显著为负而中心城市为正。几种稳健性检验也显示结果都很稳健。为解决模型因遗漏变量或测量误差导致的潜在的内生性问题，本书使用了PSM+DID和工具变量法两种方法来试图降低内生性，两种方式处理了内生性问题后回归结果依然未改变原结论。

基于理论分析和实证分析，本章以中国高铁为研究对象，考察揭示了高铁网络影响地区贸易空间上的虹吸效应，即高铁网络形成后，中心城市对外围城市的生产要素和经济活动产生了虹吸，使外围城市的产出下降而贸易减少。高铁建成后，降低了旅客的出行成本，减小了区际交流的阻碍，各类资本投资流向中心城市，使中心城市贸易增加而外围城市贸易减少，我们称之为“高铁对贸易的虹吸效应”。这一机制可以看作是对城市经济学派虹吸效应的延续和拓展。我们的发现为高铁与地区经济发展关系研究以及贸易影响因素等相关研究都提供了新的证据支撑，下文将对此机制做进一步深入探究。

第6章　高铁网络对城乡收入差距的影响

围绕“高铁网络对区域经济协调发展影响”这一研究主题，本章具体考察高铁网络建设对城乡收入差距的影响，收入差距问题，尤其是城乡收入差距问题也是区域协调发展中的重要考察内容之一。据2016年《中国统计年鉴》数据显示，2016年中国城镇家庭人均财富是农村家庭人均财富的3.22倍。很多文献都曾论述，中国巨大的收入差距与中国地区间和城乡间日益扩大的收入差距显著相关（World Bank，1997；林毅夫等，1998；陆铭和陈钊，2004；李实，2012）。自改革开放以来，中国的交通基础设施得益于政策支持和财政保障而发展迅猛。当前，对正处于城市化转折点的中国而言，这一阶段也是建设交通运输干线的重要战略机遇期（Ou et al.，2014），其中尤以高铁的发展最为瞩目。截至2016年底，中国高铁总里程占世界总里程的60%以上，以“八横八纵”为最终目标、日趋完善的高铁网络格局，已经覆盖了全国177个地级城市（约占全国53%的城市）[①]。正是由于民众普遍对“高铁会带来经济增长”的逻辑深信不疑，因此在2015年前后出现了全国多地围绕高铁走线、设站而进行的一系列“争路运动”。[②] 然而，受地理因素等现实条件的约束，交通基础设施的可获得性在不同的区域存在一定的差异性（张勋和万广华，

---

① 根据各国铁路统计公报及中国《铁道年鉴》等公开资料计算得来。

② 河南两地争夺高铁站再燃战火　民间发起保路运动［EB/OL］. 新浪网，2015－1－29. 民间“保路运动”：全国多省份爆发“高铁争夺战”［EB/OL］. 凤凰网，2015－4－25.

2016）。因此，探究大规模建成且飞速发展的中国高铁是否能成为减少收入不平等的二次分配手段，进而缩小城乡收入差距具有重要的现实意义和理论价值。

6.1 交通基础设施影响城乡收入差距的机理分析

中国幅员辽阔，中部和东部省份人口密度尤其大，这使得交通基础设施成为打破市场分割和促进要素流动充分的关键所在。以往诸多研究从不同角度探讨了交通基础设施对城乡收入差距的影响。

如德牧格（Démurger，2001）利用1985～1998年中国24个省（包括直辖市）的面板数据，以交通基础设施投资为量化指标的研究，基于增长模型的实证分析发现交通基础设施投资差异是造成省际增长差距扩大的重要因素，此外改革开放的差异和地区位置也具有重要影响；樊生根和灿康（2008）基于我国1982～2013年的省级面板数据估计了道路的投资对整体经济增长的影响，交通基础投资有利于提高农村居民收入、缩小收入差距；樊生根等（2011）在讨论地区间经济增长不均等、城乡增长及城乡脱贫的演化过程中，也得到了类似的结论，即中国城乡差距的重要原因之一是道路基础设施投资上的差异。

也有许多学者采用道路里程数描述交通基础设施。如童光荣和李先玲（2014）是国内较早从交通基础设施的角度来考察城乡收入差距的研究，他们基于1980～2011年30个省的面板数据，利用面板空间杜宾模型（SDM）估计了公路和铁路里程数发展对城乡收入差距的直接效应和溢出效应，研究表明公路里程和铁路里程对城乡收入差距的影响通过促使要素流动性以及产业结构变化而发生，在农村或欠发达地区加速道路建设有利于减少发展差距；罗能生（2016）则是基于空间溢出效应模型，从直接影响和溢出效应两方面分别探究了道路交通基础设施对城乡收入差距的影响，同样得到道路交通基础设施缩小城乡收入差距的结论，并且强调区域间的间接效应的重要性；刘冲等（2013）在县级层面考察了高速公路的城乡收入分配效应，研究认为相较于省份层面的指标数据的精确度得到了改善，他们的分析结果也验证了中国高速公路带来的可达性缩小城乡收入差距，影响大小约为 14% ~15% 。

采用更加广义的量化方法或引申含义刻画交通基础设施的研究，如任晓红和张宗益（2013）通过仿真实验发现在一定范围内改善交通基础设施会促使生产要素流动性提高、降低土地租金的地区差异，因而利于缩小城乡收入差距，但是这种影响存在拐点且与人口比重构成存在密切联系；张勋和万广华（2016）基于中国健康与营养调查数据（china health and nutrition survey，CHNS）[①] 检验了座机电话和自来水等基础设施对农村居民收入（增长和分配两方面，创新性提出了包含这两个内容的概念“包容性增长”）的影响，引申得出基础设施有利于缩小城乡收入差距，这种影响在东中西部地区都存在，但显著性和作用大小存在区域异质性，具体情况又与各地区的经济发展阶段和基础设施共享覆盖面密切相关，因此进一步建设需要根据地区差异因地制宜。综上研究发现，虽然大量研究表明交通基础设施有利于缩小城乡收入差距，但是目前尚缺乏对不同交通方式的深入研究。对交通领域最近的技术创新“高速铁路”是否如预期而缩小城乡收入差距？值得进一步探究。

中国收入差距问题一直以来都是重要研究课题。尽管从改革开放初期，高速的经济增长和脱离贫困的发展状况举世瞩目，但同时发展不平衡的问题也日益凸显，关于中国收入差距的发展趋势，一般认为中国收入差距（包括地区间和城乡间等）自改革开放以来呈现扩大趋势，但也有研究通过增加控制变量的方法对此结果进行了修正或解释说明。如李和吉布森（Li & Gibson，2013）认为中国的户口制度下，用户籍人口数据显示的

① 中国健康与营养调查，是一项长期固定追踪的调查，由美国北卡罗来纳大学的人口中心、国家营养与食品安全机构（前国家营养与食品安全研究所）及中国疾病控制和预防中心（CCDC）联合发起运行，旨在考察国家和地方政府出台的政策和项目对健康、营养和家庭规划的影响，以及中国社会经济转型是如何影响居民健康和影响水平的。数据库收集了有关社会人口、家庭收入、营养健康、医疗保健、社会服务等多方面的信息。（资料来源：北卡罗来纳人口中心网站）

收入差距是被放大的，沿海地区的经济产出和生活水平在数据中是高估的，而内陆地区的则是被低估的，这种偏差随着非户籍人口迁移数量的增长还会继续扩大，他们进一步指出采用常住人口数据能在一定程度上修正指标上的这一偏差；蔡昉和王美艳（2009）从劳动力流动这一经典的视角切入分析其与城乡收入差距之间的相关关系，研究结论认为现有的数据低估了劳动力流动性，因而高估了收入差距。

国内外既有文献中关于收入差距成因讨论则主要可以归为制度因素、发展策略和要素投入三方面内容。

首先，制度因素的影响。大量研究都表明城市偏向的政府政策是城乡收入差距快速扩大的主要原因之一。如程开明和李金昌（2007）基于1978～2004年时间序列数据的实证结果显示，城市化和城市偏向的政策是造成城乡收入差距扩大的原因，城市化进程、城市偏向性政策和城乡收入差距三者间动态相关；蔡昉和杨涛（2000）从政治经济学角度切入，基于制度和政策两个维度分析，认为改革开放以来我国城乡收入差距最主要源于户籍和福利等城市偏向性制度障碍，长期来看，只有改变这种政策和制度偏差才能达到和实现资源配置效率最大化的远期目标；陆铭和陈钊（2004）的结论与蔡昉和杨涛（2000）的观点一脉相承，同样也认为经济政策和政府财政支出结构是扩大城乡收入差距的重要原因，研究基于1987～2001年省级面板数据对此进行了计量估计，结果显示户籍、经济开放、国有化程度和财政支出机构是城乡收入差距的重要因素。

其次，发展策略的影响。如樊生根等（2011）评估了中国地区发展差异的演化进程，研究表明重工业优先发展导向策略（具体包括基础设施、社会投资和保护以及政府改革三方面内容）是造成城乡收入差距的重要原因，而内陆与沿海地区的发展差距则是开放程度和进程的差异所致；陈斌开和林毅夫（2013）在理论和实证上考察了城市化、政府战略与城乡收入差距的动态关系，也发现重工业优先发展战略下，资本密集型部门被优先地得到了发展，造成城市部门就业需求相对下降和城市化进程的放缓，进而导致了城乡收入差距扩大；欧阳志刚（2014）、刘修岩等（2017）

则是从城市或地区演进的视角切入，分别验证了城乡一体化和多中心发展缩小收入差距的效应，前者分析认为以城乡一体化为代表的城乡再平衡政策发展推动了产品和生产要素在城乡间的流动促进二者的相互融合，后者指出多中心发展能优化区域内城市间的产业结构、加快区域内商品流通，并且多中心发展模型对缩小地区收入差距的效应在那些基础设施条件较好的地区更为显著，这一结果为城镇化发展提供了十分有益的启示。

最后，要素投入的影响。如林毅夫（2000）指出长期以来，我国农村地区经济发展落后的主要原因是农村基础设施建设的落后；孙宁华等（2009）基于劳动力市场扭曲和部门效率差异，构建了一个可用于分析中国城乡收入差距的一般动态均衡增长模型，在包含劳动力市场扭曲和农业—非农业两部门之间效率差异的一般均衡模型中，经济制度、经济政策和经济变量对城乡收入差距的影响得以解释；格塔丘（Getachew，2010）也是在两部门增长模型中对公共资本、不均衡和增长三者关系进行了考察，分析认为公共资本通过提高生产率和补充私人投入对经济长期的增长具有重要影响，亦是造成收入不均等的重要因素之一。究其原因，笔者认为公共服务和投资对低收入群体的影响相对会更大，因此能改善收入分配，收入分配与公共投资相关关系的重要作用渠道，是其在资本要素比重上的差异化影响；佛莱舍等（Fleisher et al.，2010）基于省级数据比较研究表明，向欠发达地区进行人力资本投资有利于经济效率（全要素生产率，total factor productivity，TFP）的提高和产出的增加，人力资本的直接效应（国内创新）和间接溢出效应（TFP 增长）进而将缩小地区间收入差距。

综上所述，通过对相关研究的梳理可知：第一，虽然中国城乡收入差距和中国高铁建设是当前两大重要发展问题，但是遗憾的是，目前尚缺乏有关中国高铁对城乡收入差距的系统研究；第二，虽然中国的收入差距问题在以往研究中已有较为充分的讨论，但是多是从制度性因素进行挖掘，而忽略了交通基础设施完善所致的要素流动的影响。随着国内交通网络的日趋成熟，交通网络对市场分割情况的改善可能比制度性因素的影响更大。因此系统探究以高铁为代表的中国交通网络对收入差距的影响，是对已有研究的一个有益拓展；第三，现有相关研究多停留于因果关系的识别和边际影响的估算，而对交通基础设施影响收入差距的作用机制解释不足。

6.2　数据与实证模型

本章实证探究所涉及的数据是地级市城市数据，主要从1999～2014年《中国城市统计年鉴》中获得的关于城市经济特征的数据，包括农业、服务业、人口、不同部门的就业、平均工资、固定资产投资、GDP、固定资产投资、地方政府的财政收支和居民收入等内容。一些年份数据的缺失值由相应年份的《中国区域统计年鉴》予以补充。

高铁线路的开通时间以及规划修建时间等信息，主要来自历年《中国铁道年鉴》以及中国铁路总公司网站新闻报道或公告中。各城市内高铁站点的信息[①]——名称、数量和启用时间，取自铁道部12306网站和“去哪儿网”。高铁站到城市中心的距离，即高铁对城市经济的辐射和影响半径，是利用所有高铁站点的经纬度和城市中心的经纬度，经Arc－GIS10.2计算得来。各站点和城市中心精确的经纬度数据，来自百度地图开放平台[②]。

为实证考察高铁对城乡收入差距的影响，借鉴林娅棠（2017）构建的模型，拓展和改进得到双重差分的计量模型（difference-in-difference）。

$$\ln(\text{Income gap})_{ct} = \lambda_1 HSR_{ct} + \lambda_2 Z_{ct} + \Omega_c + \delta_t + Year_t \times Province_c + u_{ct} \quad (6-1)$$ [③]

其中，$\ln(\text{Income gap})_{ct}$表示城市c在t年时的城乡收入差距。$HSR_{ct}$为主要解释变量，城市c在t年通过高铁数量为1，否则为0。λ_1为本书核心解

① 由于研究对象是地级市，在一个地级市范围内的所有停靠站点都统计在这一城市名下。

② 百度地图。

③ 方程也可以具体写成双重差分估计模型的形式：$\ln(\text{Income gap})_{ct} = \lambda_1 Treat_c \times postHSR_c + \lambda_2 Z_{ct} + \Omega_c + \delta_t + Year_t \times Province_c + u_{ct}$。

释变量的估计系数，如果 $\lambda_1>0$ 且显著，则表明高铁网络发展正向影响了城乡收入差距，反之则为负向影响。Z_{ct} 为城市层面的控制变量，包括是否有机场（airport）、高速公路密度（highway intensity）和是否有普通铁路（railway）等其他城市层面的特征变量，用以控制其他可能产生的干扰因素。Ω_c 是城市固定效应，控制不随时间变化的城市特征因素。δ_t 是时间固定效应，用以控制时间维度的宏观经济冲击。$Year_t \times Province_c$ 是时间与省份交互的联合固定效应①，考虑了随时间和省份同时变化的因素，避免了遗漏变量可能导致时间趋势不一致的影响。此外，为控制潜在的异方差和空间相关问题，本书参考 Bertrand 等（2004）的做法，将标准差在城市层面进行聚类调整。

6.3 实证分析与讨论

6.3.1 基准回归结果

表 6.1 呈现的是双重差分估计的基准回归结果。从第 1 列至第 3 列依次增强对时间固定效应、城市固定效应和时间—省份固定效应的控制，可以观察到高铁开通与城乡收入差距的发展趋势有很强的正相关关系，而且在控制了时间固定效应及城市固定效应后，高铁网络对城乡收入差距的正向影响依然显著。第 4 列进一步地控制了航空、高速公路和普通铁路几类交通方式，以排除其他交通基础设施的影响，高铁对城乡收入差距的影响还是显著为正，边际影响大小约为 6.59%。这一结果显然是与高铁的规

---

① 当然，这里最好是城市与时间交互的联合固定效应，这时候会引入 333×15 个待估参数，跟样本一样大，如果还考虑其他需要估计的控制变量、城市固定效应、时间固定效应，模型自由度为负，肯定估计不出，所以这时只有退而求其次，引入上一层省份与时间交互。这样一来节约了自由度，同时也考虑了随时间和省份同时变化因素的作用，避免了遗漏变量可能导致的时间趋势不一致影响。

划初衷相悖的，尽管这在一定程度上是由于现有的高铁网络尚未完善，尤其是中西部地区相较东部地区的发展不足，但这是为高铁的规划提供的有益启示。为此，本书需要进一步确保这一结论的稳健性和可信度。

表 6.1　　高铁网络对城乡收入差距影响的基准回归结果

变量	(1) 城乡收入差距	(2) 城乡收入差距	(3) 城乡收入差距	(4) 城乡收入差距
高铁	0.519 *** (29.63)	0.121 *** (3.22)	0.0701 *** (2.01)	0.0659 *** (4.03)
机场				-0.0256 (-1.22)
高速公路				0.0326 (1.28)
铁路				0.0145 (1.03)
常数项	0.760 *** (72.20)	0.413 *** (56.22)	-22.13 *** (-2.25)	-28.32 *** (-3.56)
时间固定效应	否	是	是	是
城市固定效应	否	否	是	是
时间—省份固定效应	否	否	是	是
观测值	5036	5036	5036	5030
R^2	0.167	0.669	0.672	0.672

注：括号里面是稳健聚类（城市层面）的 T 值。*** $p<0.01$。
资料来源：笔者自制。

6.3.2　事件分析法

进行双重差分估计的前提假设是开通高铁城市和未通高铁城市城乡收入差距的平行趋势。为了验证平行趋势，我们参考许（Xu，2017）的方法，在方程式（6-1）的基础上加入了高铁连接的前项和后项虚拟变量：

$$\ln(\text{Income gap})_{ct} = \sum_{m=1}^{3}\lambda_m \text{FirstHSR}_{c,t-m} + \sum_{n=0}^{4}\lambda_n \text{FirstHSR}_{c,t+n} + \lambda_1 Z_{ct} + \Omega_c + \delta_t + \text{Year}_t \times \text{Province}_c + u_{ct} \quad (6-2)$$

其中，FirstHSR_{ct}是一个虚拟变量，表示城市 c 在 t 年是否为第一次连入高铁网络，$\text{FirstHSR}_{c,m-t}$表示第 m 期的前项，$\text{FirstHSR}_{c,t+n}$表示第 n 期的滞后项。前项是为了控制连入高铁网络前的效应，之后的高铁连接就是一个安慰剂检验（placebo test），有助于解决实际高铁连接效应的预期性问题。滞后项使我们可以跟踪连入高铁网络的处理效应，从而识别出首次连入高铁网络之后几年的影响。图 6.1 呈现的是高铁网络对城乡收入差距影响的事件分析结果，横轴为外生事件冲击发生先后的时间轴，纵轴为相关系数（越远离零基准线，意味着外省冲击对因变量的影响效应越显著）。图 6.1 中可以看出，连入高铁网络前不存在预期效应，而连入高铁网络后，高铁对城乡收入差距存在正向影响（在图 6.1 上体现为显著地远离零基准线），并且效应值呈逐年增加的趋势。

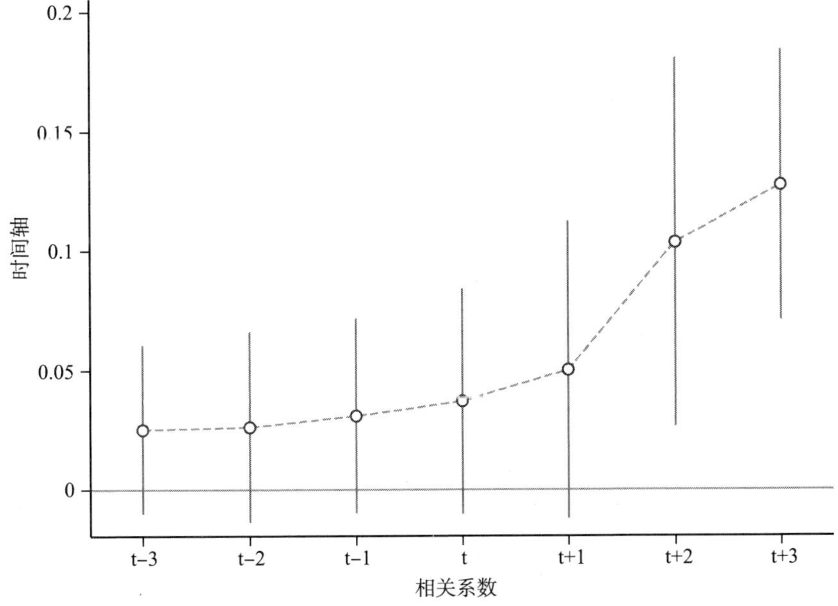

图 6.1 通高铁对城乡收入影响的事件分析结果

资料来源：根据回归结果，笔者自制。

6.3.3 稳健性检验

我们采用了多种方法对基准回归的结论进行稳健性检验。

首先，增加控制变量。陈锐等（2014）基于重力模型考察指出，省际的人口流动能活化区域间社会经济系统，从而有效地缩小地区间经济发展的不均等、缩减收入差距，这意味着人口可能会对交通基础设施对收入差距的效应产生影响。基于此，表6.2中第1列是进一步加入了“城市人口规模”（population）和“城市人均GDP”的控制变量进行回归，结果表明高铁网络对城乡收入差距仍然显著为正。

其次，使用不同的指标进行刻画。由于高铁工程巨大，从中华人民共和国国家发展和改革委员会（以下简称“国家发改委”）批复启动高铁修建到建成正式通车往往需要耗费数年的时间。那么，如果经济行为或布局决策在得知要修高铁的时候就进行了响应，就会使高铁网络存在提前经济效应，因此这里采用“开始修建高铁的时间”替换原来“连入高铁网络时间”。这一检验，除了考察高铁网络经济影响的提前效应，还能在很大程度上降低2008年同期其他经济事件的冲击而增强结论的可信度。由于中国高铁网络建设始于2008年，这个时间恰好与金融危机的时间重叠，所以如果采用“开始修建高铁的时间”，也可以一定程度上消除金融危机对结果（城乡收入差距）造成的偏误。表6.2中第2列是修建高铁时间回归的结果，结果显示高铁网络影响城乡收入差距的符号并没有改变仍然为正，但是显著性不再，即高铁的提前效应并不明显，高铁的经济效应是在正式通车后才开始显现。

表6.2　　稳健性检验的回归结果

变量	(1) 城乡收入差距 增加控制人口变量	(2) 城乡收入差距 更换指标
高铁	0.0527 *** (2.12)	

续表

变量	(1) 城乡收入差距 增加控制人口变量	(2) 城乡收入差距 更换指标
计划修建高铁		0.0545 (1.81)
机场	-0.0173 (-0.69)	-0.0508 (-1.34)
高速公路	-0.0239 (-1.39)	-0.0461 (-1.63)
铁路	-0.0379* (-1.85)	-0.0332 (-1.43)
人口	0.321*** (2.52)	
人均 GDP	0.168*** (3.35)	
常数项	-42.27*** (-6.15)	-36.82*** (-5.62)
时间固定效应	是	是
城市固定效应	是	是
时间—省份固定效应	是	是
观测值	4855	5030
R^2	0.682	0.665

注：括号里面是稳健聚类（城市层面）的T值。* p<0.1，*** p<0.01。
资料来源：笔者自制。

6.3.4 异质性分析

6.3.4.1 不同地区样本

依据地理位置将中国划分东、中、西部地区的分样本，从高铁对城乡收入影响地区异质性进行检验。表6.3呈现的是按东部地区、中部地区和西部地区[①]细分样本的回归结果，发现相比于中西部地区，高铁对城乡收入差距的影响在东部地区最大且显著。这一结果不仅验证了基准回归结论的稳健性，而且可以推出如果继续遵循目前的发展模式，随着高铁网络在中西部地区的日趋完善，扩大城乡收入差距的影响将进一步加剧。

表 6.3　　按地区类型细分的样本回归

变量	(1) 东部 城乡收入差距	(2) 中部 城乡收入差距	(3) 西部 城乡收入差距
高铁	0.166*** (4.38)	0.0384 (1.35)	0.00478 (0.08)
机场	-0.0323 (-0.59)	-0.105 (-1.15)	-0.0278 (-0.68)
高速公路	-0.0284 (-1.02)	0.00675 (0.29)	-0.0159 (-0.80)
铁路	-0.110*** (-2.70)	0.0980 (1.43)	-0.0537 (-1.49)
常数项	0.00 (0.00)	0.00 (0.00)	-41.47*** (-4.99)
时间固定效应	是	是	是
城市固定效应	是	是	是
时间—省份固定效应	是	是	是
观测值	1515	1572	1950
R^2	0.778	0.916	0.527

注：括号里面是稳健聚类（城市层面）的 T 值。*** $p<0.01$。
资料来源：笔者自制。

---

① 东部地区包括的 11 个省级行政区，分别是北京、天津、河北、辽宁、上海、江苏、浙江、福建、山东、广东和海南；中部地区有 8 个省级行政区，分别是山西、吉林、黑龙江、安徽、江西、河南、湖北、湖南；西部地区包括的省级行政区共 12 个，分别是四川、重庆、贵州、云南、西藏、陕西、甘肃、青海、宁夏、新疆、广西、内蒙古。

6.3.4.2 不同城市样本

进一步对城市类型进行了细分，从高铁对城乡收入影响城市异质性进行检验。如表6.4所示，第1列是去掉大城市——直辖市、省会城市和副省级城市后的回归结果。与第1列相对应的是第3列，为仅保留大城市的样本回归结果。第2列在第1列的基础上又去掉了三大经济圈——京津冀、珠三角和长三角经济区①。与第2列对应的是第4列，为三大经济圈的样本。由回归结果可知，高铁对城乡收入差距的正向影响只在京津冀、长三角和珠三角这三大经济圈的分样本中具有显著性。这意味着，正是由于在这三大经济圈内高铁网络对城乡收入差距产生的显著正向影响，才使高铁网络在总样本中呈现了对城乡收入差距正向影响的结果。得益于区位条件和改革开放的政策便利，三大经济圈内相对密集的人口和相对发达的经济发展基础决定了高铁网络在这些地区更快速的发展。由此，在现有的高铁网络数据中，三大经济圈内有更加显著的结论也在情理之内。

表6.4　　　　按城市类型细分样本的回归

变量	(1) 去掉大城市 城乡收入差距	(2) 去掉三大经济圈 城乡收入差距	(3) 大城市样本 城乡收入差距	(4) 三大经济圈 城乡收入差距
高铁	0.0216 (0.97)	0.0234 (1.00)	0.0789 (1.43)	0.136*** (2.58)
机场	-0.0428 (-1.19)	-0.0421 (-1.05)	0.0435 (0.77)	-0.0336 (-0.64)
高速公路	-0.00668 (-0.47)	-0.0127 (-0.81)	-0.141* (-1.84)	-0.134 (-1.53)

① 京津冀经济区：北京市、天津市以及河北省的保定、唐山、石家庄、秦皇岛、张家口、承德、沧州、邯郸、邢台、衡水；长三角地区：上海、苏州、无锡、常州、镇江、南京、扬州、南通、泰州、盐城、淮安、徐州、宿迁、连云港、杭州、宁波、舟山、绍兴、湖州、嘉兴、台州、金华、衢州、丽水、安庆、合肥、马鞍山、芜湖、滁州、淮南；珠三角经济区：广州、深圳、佛山、东莞、中山、珠海、江门、肇庆、惠州。

续表

变量	(1) 去掉大城市 城乡收入差距	(2) 去掉三大经济圈 城乡收入差距	(3) 大城市样本 城乡收入差距	(4) 三大经济圈 城乡收入差距
铁路	-0.0135 (-0.54)	-0.0202 (-0.67)	-0.298*** (-3.25)	-0.131** (-2.22)
常数项	-29.38*** (-4.33)	0.144** (2.09)	-76.46*** (-2.79)	0.298*** (4.23)
时间固定效应	是	是	是	是
城市固定效应	是	是	是	是
时间—省份固定效应	是	是	是	是
观测值	4497	3867	540	795
R^2	0.647	0.642	0.878	0.716

注：括号里面是稳健聚类（城市层面）的T值。* $p<0.1$，** $p<0.05$，*** $p<0.01$。
资料来源：笔者自制。

6.3.5 高铁站位置的影响

高铁站选址设站是一项综合规划，除了考虑城市内部的交通便利、建造成本，还需要顾及城市规模、形态、发展方向和城市群之间的联系等①。霍尔（Hall，2002）总结了欧洲的高铁站点相对城市的区位，将其分为市中心、城市边缘、远郊三类（见图6.2），其原理也适用于中国。规划一般不建议把车站建在市中心，因为会涉及老城区土地、安全和噪声等环境问题。由于高铁站建设是由中央和地方两级政府出资的，地方政府

① 国家发改委、自然资源部、住建部与中国铁路总公司联合发布《关于推进高铁站周边区域合理开发建设的指导意见》（以下简称《意见》）（2018年5月），在“高铁站怎么建”这个问题上，《意见》给出了明确答案：新建铁路选线应尽量减少对城市的分割，新建车站选址尽可能在中心城区或靠近城市建成区，确保人民群众乘坐高铁出行便利。《意见》为高铁站选址及周边开发提出了“量力而行、有序建设”等四项原则。高铁新城建设应有“红线”[EB/OL]. 人民网，2018-5-9.

出资多就拥有自主选址的权利，反之则由中央政府决策①，还因高铁担负着“以点带面”的城市发展作用，所以高铁站建设的博弈在高铁建设中尤为复杂。总的来看，我国高铁车站周边区域整体开发建设仍处于起步阶段，各方面对高铁建设和城镇化融合发展研究还不深入，因此需要进一步推动高铁建设与城市发展良性互动、有机协调。根据已有文献所分析指出的，高铁站的选址是影响高铁经济效应的重要因素之一（Bernard et al.，2015）。鉴于中国高铁网络不同城市内高铁站点相对城市中心的距离波动范围很大，呈现出了明显的差异性，本书进一步探究了高铁站选址对城乡收入差距的影响。

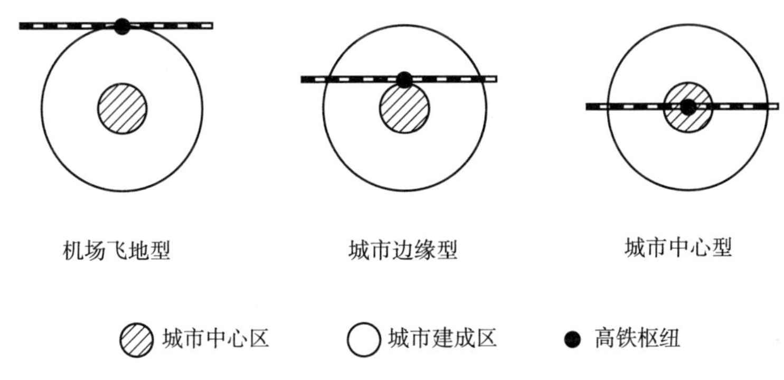

图6.2　高铁站点与城市区位关系

资料来源：P Hall. Urban and Regional Planning（Fourth Edition），Routledge，London，2002.

我们利用所有高铁站点的经纬度和城市中心（市政府所在点）的经纬度，采用 Arc - GIS 计算匹配得到距离每一城市中心最近的高铁站以及具体的距离。

伯纳德等（2015）在探究新干线对企业绩效影响时，以企业是否位于站点 0 ~ 10 公里、10 ~ 30 公里、30 ~ 60 公里范围之内来筛选样本进行分析。赵倩和陈国伟（2015）对京沪线、武广线上 38 个高铁站的统计得

① 北京交通大学交通运输学院教授纪嘉伦：与干线高铁建设不同，支线高铁建设更加考验地方政府筹集资金、征地拆迁、规划设计等方面的能力。

到，站点距离城市中心的平均距离为 14.12 公里。本书计算得到的结果是，对连入高铁网络的所有城市（地级市）①，城市中心到高铁站的平均距离为 11.33 公里，而对所有城市（地级市），其城市中心到距离最近的高铁站的平均距离为 123.5 公里②。结合已有文献中的划分以及中国高铁网络的现实情况，最终这里以距离"小于等于 30 公里""30～50 公里""大于等于 50 公里"为标准进行细分三个样本。

为证实高铁与城市中心的相对距离对其影响城乡收入差距具有调节作用，在回归中纳入相对距离与高铁的交乘项，上述三个分样本的回归结果分别呈现在表 6.5 第（1）、（2）、（3）列。我们发现，表 6.5 第 1 列中高铁、高铁与高铁站距离交乘项均显著，即距离城市中心 30 公里之内的高铁站增强了高铁对收入差距的负向影响，进一步可以推出高铁站越靠近城市中心，高铁网络对城乡收入差距的扩大效应则会越强。综合上述结果，本书认为将高铁站位置选在相对远离城市中心的城乡接合部，有利于缓解高铁扩大城乡收入差距的趋势。

表 6.5　　　　高铁站位置的影响

变量	(1) 城乡收入差距	(2) 城乡收入差距	(3) 城乡收入差距
高铁	0.0516* (1.91)	0.0496*** (2.13)	0.0450*** (2.13)
最近高铁站在 30 公里内	8.142* (3.37)		
高铁×最近高铁站在 30 公里内	0.0203* (0.32)	8.132* (1.02)	
30 公里 < 高铁站 < 50 公里		0.00132 (0.11)	
高铁×30 公里 < 高铁站 < 50 公里			

① 截至 2016 年底的数据。

② 在计算高铁站到城市中心的距离时，如果该城市没有高铁站，我们会选择离城市中心最近的一个其他城市的高铁站作为其距离。

续表

变量	(1) 城乡收入差距	(2) 城乡收入差距	(3) 城乡收入差距
高铁站>50公里			8.527 (1.19)
高铁×高铁站>50公里			0.0209 (0.18)
机场	-0.0286 (-0.67)	-0.0225 (-1.13)	-0.0443 (-0.58)
高速公路	-0.0702 (-1.35)	-0.0312 (-1.25)	-0.0127 (-1.38)
铁路	-0.0434 (-1.16)	-0.0467 (-1.43)	-0.0332 (-1.21)
常数项	-35.32*** (-5.06)	-33.87*** (-4.61)	-36.30*** (-4.23)
时间固定效应	是	是	是
城市固定效应	是	是	是
时间—省份固定效应	是	是	是
观测值	5030	5030	5030
R^2	0.671	0.671	0.671

注：括号里面是稳健聚类（城市层面）的T值。* p<0.1，*** p<0.01。
资料来源：笔者自制。

6.4 本章小结

收入差距问题，尤其是城乡收入差距问题也是区域协调发展中的重要考察内容之一，围绕“高铁网络对区域经济协调发展影响”这一研究主题，本章具体考察高铁网络建设对城乡收入差距的影响。中国收入差距问题一直以来都是重要研究课题。尽管自改革开放以来，高速的经济增长和脱离贫困的发展状况受到举世瞩目，但同时发展不平衡的问题也日益凸显。党的十九大报告中指出我国社会的主要矛盾是人民日益增长的美好生活需要和不平衡不充分的发展之间的矛盾，区域协调发展战略成为建设现代化经济体系的重要内容之一。很多文献都曾论述，中国的收入差距与中国地区间和城乡间日益扩大的收入差距显著相关（World Bank，1997；林毅夫等，1998；陆铭和陈钊，2004；李实，2012）。

一般认为中国收入差距（包括地区间和城乡间等）自改革开放以来呈现扩大趋势。虽然中国城乡收入差距和中国高铁建设是当前我们面临的两大现实，但是遗憾的是，目前尚缺乏有关中国高铁对城乡收入差距的影响研究；此外，既有关于中国的收入差距问题多是从制度性因素进行挖掘，而忽略了交通基础设施完善所致的要素流动的影响。制度性因素和交通运输是打破市场分割、均衡经济发展的两个重要机制，而且随着国内交通网络的日趋成熟，其对市场分割情况的改善可能比制度性因素的影响更大。

因此，本章通过匹配 1999 ~ 2013 年中国地级市城市数据、中国高铁数据和地理矢量数据，从中国高铁对城乡收入差距的影响进行探究。结果显示：高铁网络扩大了城乡收入差距，其边际影响为 7.99%。该效应在增加控制变量、更换高铁指标和利用不同时间段的样本等稳健性检验中，都未发生实质性改变。按不同地区、不同城市的分样本回归揭示了高铁对城乡收入差距的正向影响在东部地区和三大经济圈地区尤为显著；借鉴法伯尔（2014）的思路，基于地理信息为高铁构建了“最小生成树”的工具变量，处理高铁建设过程中的内生性问题，回归结果依然支持原结论。上述研究结果主要具有以下两个方面的启示。

第一，从高铁对城乡收入差距的影响来看，高铁并未起到有效二次分配的作用，以减少城乡收入不平等。从此种意义而言，高铁建设并非是减少地区发展不平衡的有效政策工具。民众在信息不完全下做出的判断甚至进行的“争路运动”，学界和政策制定者应该予以更多引导和解惑；对于经济欠发达地区的中西部城市，对高铁的福利效益应该有更理性的预期，理性地看待连入高铁网络的时间节点。

第二，高铁的虹吸效应与高铁站相对城市中心的距离相关，其有效范围为高铁站距离城市中心的 30 公里道路距离。基于上述分析，在“八横八纵”高速铁路网络建设背景下，农村地区将面临更大的资本流失压力。一方面，该地区民众应该加强危机意识，积极思考应对策略。如充分发挥资源禀赋优势，培养与中心城市优势互补的产业，形成整个区域经济产业联动发展的局面。另一方面，将高铁站选址城乡接合部是目前相对合适、科学的方案。这既是节省建造成本的举措，又能缓解高铁开通的虹吸效应。通过优化高铁站的选址进而改善高铁的经济福利，促进地区间的平衡发展。

第 7 章　高铁网络对福利的影响

——来自微观数据的证据

本章主要采用机理分析与实证探究相结合的方式，对高铁网络与我国区域经济协调的相关关系进行考察和揭示。我们在第 5 章采用的是外贸这一经济增长重要来源之一的指标来反映区域经济发展，我们在第 6 章采用了城乡收入差距这一关乎居民实际收入水平的指标加以刻画。本章在关于区域经济发展的量化上，我们从福利水平的视角切入，以高铁网络发展对个体福利水平的影响分析，揭示其对区域经济发展以及区域间协调的作用。福利，即“好处”，分为个人福利和社会福利。个人福利指一个人获得的满足，与“幸福”或“快乐”含义基本等同，既包括个人物质生活需要方面的满足，也包括个人精神生活需要方面的满足。社会福利是指一个社会全体成员个人福利的集合。

完善的交通基础设施被认为是一个国家/地区经济增长的必备条件之一。关于降低货运成本的交通基础设施的经济效应研究已经屡见不鲜（铁路如，Hornung，2015；Donaldson，2018；Donaldson & Hornbeck，2016；Swisher，2017）（公路如，Juan & Gonzalo 2014；Faber，2014；Bosker，Deichmann & Robert，2015；Baum - Snow，et al.，2017），但关于降低人员出行成本的交通基础设施（例如高铁）的经济效应分析深度和广度都亟待理论分析与解释。已有研究的考察，已经涉及了高铁对经济增长（Qin，2017；KE et al.，2017）、就业（Lin，2017）、企业生产率（Charnoz，Lelarge & Trevien，2016；Bernard，Moxnes & Saito，2017）和贸易（Xu，2017）的影响，但是对个体福利以及不平等方面影响的研究相对空白。截至2017年底，中国的高速铁路建成2.5万公里。中国已经成为全世界公认的高铁大国。那么，如此快速发展的高铁建设是否能够像其他交通基础设施一样降低贸易成本，增加地区经济福利。这些影响是如何发生，又该如何解释？基于中国家庭收入项目调查数据（CHIP07和CHIP13），本章进一步对高铁福利效应进行分析和考察。

7.1　交通基础设施的福利效应分析

福利包含的范围极为广泛，20世纪20年代庇古曾就此给出两个命题：第一，福利的性质是一种意识形态，或许是意识形态之间关系；第二，福利可以在或大或小范畴内产生。福利内容的广泛性带来了对其影响因素研究的困难，庇古在研究这个问题时做了一个限定，将研究范围限制在能够直接或间接与货币相关的那部分社会福利，也就是通常被称为经济福利的部分。尽管经济福利与非经济福利之间不存在明确的界限，但借助货币尺度的可实用性可对此做一个粗略的区分，使得对福利研究的可操作性得以加强。毫无疑问，只是探讨一部分福利变动的原因是容易带来非议的。但是，如果这一部分的变化可以通过自身对整体的变化产生影响，研究经济福利的实际重要性也就显现了。

早期经济学家，如斯密（1776）、边沁（1789）等，以功利主义为基础，将人追求幸福的主观动机解释为人类行为的根源，但这种主观的感受因无法准确衡量而停留在哲学层面。之后，旧福利经济学派采用基数效用理论，用效用来衡量人通过消费而获得的满足，利用数学工具对人的行为进行理论推导，从而找到了一条衡量福利的途径。但罗宾斯等新福利经济学家认为，效用是一种主观感受，其实无法用具体数值来衡量的，他们用序数效用取代基数效用，通过排序的方式来衡量个人偏好和满足。遗憾的是，新福利经济学在定义社会总福利时遇到麻烦，陷入了“阿罗不可能定理”的困难之中。黄有关（1997）指出，若要解决“阿罗不可能定理”问题，有必要重新回到基数效用论，只有基数效用论才能反映偏好强度。

福利的量化衡量是很困难的，即便借用了效用这一个概念，依然存在种种缺陷。这是因为效用并非仅来自收入，它还包括公平、健康、民主政治等。后面这些因素没有市场价值，对不同的人来说有着不同的评价标准，有很大的主观性。尽管如此，人们还是在不断尝试构建福利的衡量体系，也在寻找可以反映福利变动的可测指标。通常，人们比较容易接受这样一个观点，收入增长对幸福的增进作用与人拥有的资本存量和富裕程度存在很强的联系。对于低收入人群来说，效用的边际收入效应较高，收入增加和幸福指数之间存在直接的同步增长关系；而对于高收入人群来说，效用的边际收入效用较低甚至为负，收入增加和幸福指数的关系则趋于模糊和低度相关，有些人幸福感可能还会随收入增长而增长，多数人幸福感则基本保持停滞不前，还有些人幸福感甚至可能会下降。

就个体福利效应而言，芬斯特拉（Feenstra，2010）指出消费者能从以下两个渠道获益：第一，可供消费者选择的产品种类增加，从而有利于消费者福利的增进。第二，贸易自由化通过促进竞争效应（pro-competitive effect）将加剧企业间竞争并削弱企业的定价能力，最终导致价格成本加成（price-cost markups）下降。同时，生产者也能从以下两个渠道获益：第一，贸易自由化企业能以更低的价格进口更多种类和更高质量的中间投入品，进而获得生产率收益（Amiti & Konings，2007）；第二，贸易自由化产生竞争效应倒逼本国企业加大创新，从而阻止国外竞争者的进入，这种创新激励机制会进一步提高企业生产率（Aghion et al.，2005）。

唐纳森（Donaldson，2011）探究印度铁路的经济效益，发现铁路降低了贸易成本、减小了区域间的价格差异、促进了贸易，提升了地区的福利，通铁路后地区的农业真实收入增加约18%。机制探究中，把铁路引致的贸易成本降低与地区福利的提升相联系，构建了多地区、多产品和不限制的贸易成本的一般均衡模型，拓展了伊藤和科腾（Eaton & Kortum，2003）的研究，识别了贸易成本降低的作用。研究表明，印度铁路对印度带来福利的提升来自贸易成本的降低，增加了地区在相对优势下的贸易所得。

德朗等（Duranton et al.，2013）则是以美国的高速公路为对象，从贸易视角切入探究其经济效应。机制研究分析发现城市公路里程10%的增加会引起该城市出口商品重量5%的增加，但是对出口额没有显著的影响，这意味着公路的增加可能会促使城市增加质量大的出口商品的生产。同时，因为高速公路并没有增加贸易额，所以他们认为直接观察到的随着高速公路而增加的贸易并没有给地区带来显著的福利效应。

克拉克等（Clark et al.，2004）着眼于港口的经济影响研究，他们观察拉丁美洲与美国贸易往来，发现了海运成本中的港口运行效率对贸易的显著正向影响，港口效率从25分位数改善到75分位数，会使海运成本降低12%（折合约5000米的运输距离），使双边贸易增加约25%。进一步的机制分析发现，造成港口低效率中影响贸易成本的因素有：烦琐的规章制度、组织中的犯罪以及国家整体的基础设施条件。

德朗和特纳（Duranton & Turner，2011）探究城市主干道路对地区福利的长期影响，发现城市道路存量10%的增加在长期（20年后）会导致人口和就业2%的增加以及家庭贫困率的细微降低。基于基准回归的机制探究发现，道路供给没有促进城市的高效发展，用于道路的财政用于公共交通会带来更高的边际增长。他们认为道路建设可能是社会补助的一个替代品，而且往往倾向于在土地和劳动力便宜的地方建成而不是交通繁忙的地区。

克里斯蒂亚（Cristea，2011）以1998～2003年美国国际航班和相应的海关数据识别国际商务中的面对面会谈对贸易的影响，间接地揭示了航空的经济效应。在机制探究中，显示通过国际航空带来的面对面商务交流显著正向影响了复杂制造业的贸易，促进了出口规模的扩大。差异化的商品依赖于面对面交流、双边出行成本以及国外市场潜力共同影响买卖方关系中的最优互动程度。国际航班直接影响了贸易中的信息成本，也很好地显示了面对面商务交流对国际贸易的重要性。相似的研究还有普尔

（Poole，2013），利用美国的国际航班中商务出行的数据，分析认为借助国际航班的商务出行有利于克服国际贸易中的信息不对称，通过促进新的出口关系的建立而正向影响贸易。

高铁的开通运营为区域要素的流动提供了载体，能够很好地满足区域要素流动的需求，促进要素在区际之间的流动，有利于带动区域经济的增长，缩短区域之间的差距。特别是高速铁路提高了高级要素的流动性，使高级要素在更广的范围内实现了流动和优化配置，有利于发挥出高级要素巨大的潜能。高铁全天候运行、稳定性高，能够及时保障分工之后的合作，既发挥了分工的优势，又推进了合作的发展。高铁建设不仅深刻地影响着铁路行业和运输行业的发展，对区域福利也带来了深远的影响。小林（1997）、布卢姆等（1997）和马丁（Martin，2000）对高铁的研究从提高区域可达性的视角展开，认为高铁改善了区域之间的交通、加强了区域间联系、提升了区域的可达性。但是，在区域经济效应上现有研究结论有不同的观点，尚未形成共识。有的学者认为高铁主要带来了集聚效应，区域发展主要向具有网络服务的大城市集中。有的学者认为高铁主要带来了扩散效应，区域发展会从大城市向周边地区扩散。

高铁的开通运营为区域要素的流动提供了载体，能够很好地满足区域要素流动的需求，促进要素在区际之间的流动，有利于带动区域经济的增长，缩短区域之间的差距。特别是高速铁路提高了高级要素的流动性，使高级要素在更广的范围内实现了流动和优化配置，有利于发挥出高级要素巨大的潜能。高铁全天候运行、稳定性高，能够及时保障分工之后的合作，既发挥了分工的优势，又推进了合作的发展。高铁建设不仅深刻地影响着铁路行业和运输行业的发展，对区域福利也带来了深远的影响。

从上述文献中我们可以看出：（1）关于中国高铁经济效应研究的广度和深度与发展规模是完全不成比例的。一般认为交通发展要适度地超前于经济发展，但其实学术研究同样应该超前于实际建设，结合社会发展中面临的现实困境给出评估和分析，以便为规划和发展提供理论支撑。（2）处于不同发展阶段国家的高铁研究得出不同的结论，即高铁的影响效应对于样本单位的空间特征高度敏感，因此需要来自中国高铁的经验证据。(3) 关于高铁福利分析的具体作用机制的解释是不足的。现有相关研究多停留于因果关系的识别和边际影响的估算，而对影响机制没有做太多的分析和验证。

7.2　实证探究与讨论

7.2.1　数据与实证策略

从上述分析不难发现，福利是一个宽泛的概念，针对不同的研究情景，不同的学者有不同定义和指标，如国民财富（斯密，1776）、效用（罗宾斯，20世纪30年代）、多样性（Krugman，1979，1980）、更低的产品价格和更高的产品质量（Feenstra，2010）、工资收入（Waugh，2010）、生产率(Melitz，2014)、土地租金收入（Donaldson，Forthcoming）等。基于本书的研究样本选择的是城市层面的数据，本书构造的多地区、多商品、存在贸易成本的李嘉图贸易模型，以城市居民工资作为主要的福利指标。

作为一种新型的交通运输方式，高铁弥补了现有交通运输方式的不足，改变人们的出行选择、货运的运输方式，带动整个人流、物流、信息流和资金流的流动，提高了区域福利。然而，高铁对区域福利的影响并非是一成不变的，具有以下特点：(1) 宏观性。高铁作为交通运输方式中的一种，不仅对与高铁网络、普通铁路网络具有重要影响，而且在综合交通运输体系、在区域经济乃至国民经济中都是重要的组成部分。(2) 间接性。高铁对于区域经济发展所产生的影响，是通过它与国民经济各部门和社会再生产各环节之间的技术经济联系和相互作用来实现的，这其中有直接作用，也有间接作用，但更多的是间接作用，如对工资水平、人均GDP水平等的影响。(3) 长期性。高铁的建设周期长，投资大，而且主要是通过间接途径对区域福利产生影响，因此，高速铁路社会经济效益需要一定的时间才能充分展现出来。（4）差异性。高铁沿线地区因自身的区位条件、资源禀赋、历史传统等自然和社会条件的差异，社会经济发展水平不尽相同，受高铁的影响有强有弱。因此，目前有关高铁对地区福利的影响，国内外研究涵盖高铁带来的区域可达性、产业发展、区域空间格局、区域经济发展等不同方面。并且随着高铁网络的飞速发展，高铁对区域福利既可能带来了积极作用，也可能拉大发达区域与欠发达区域之间的差距，带来一定消极影响。

高铁网络的数据从多种渠道综合得来，包括历年的《中国铁道年鉴》、中国铁路总公司的公开资料、中国铁道部的公开数据等。首次开通时间和开始修建时间等信息是基于公开数据收集整理提炼而来。

城市层面的经济社会数据主要来自北京师范大学中国收入研究院的中国家庭收入调查数据库（Chinese Household Income Project Survey，CHIP）。为了追踪中国收入分配的动态情况，中国家庭收入调查（CHIP）已经相继在 1989 年、1996 年、2003 年、2008 年和 2014 年进行了五次入户调查。它们分别收集了 1988 年、1995 年、2002 年、2007 年和 2013 年的收支信息，以及家庭和个人信息，分别编号为 CHIP1988、CHIP1995、CHIP2002、CHIP2007 和 CHIP2013。这几次调查是由中外研究者共同组织的、关于“中国收入和不平等研究”的组成部分，并且在国家统计局的协助下完成。所有的 CHIP 数据均包含针对城镇和农村住户的调查。鉴于农村向城镇迁移日渐重要的现实意义，以及城镇和农村住户的子样本并不完全覆盖所有流动人口，2002 年的调查增加了对流动人口的调查。因此，2002 年 CHIP 调查包含了三个子样本。2007 年的调查也采用了同样的方法，因此也由三个部分组成：城镇住户调查、农村住户调查和流动人口调查。这一结构反映了中国的城乡分割和不断增加地迁移到城镇地区的农村个体数量。

CHIP07 调查包含三个子样本：农村住户样本、农村—城镇流动人口样本、城镇住户样本。2002 年这三个样本都是由国家统计局来调查的，

2007年城镇和农村调查由国家统计局执行。CHIP2013的样本来自国家统计局2013年城乡一体化常规住户调查大样本库。后者覆盖全部31个省区市的16万户居民。CHIP项目组按照东、中、西部地区分层，根据系统抽样方法抽取得到CHIP样本。样本覆盖了从15个省份126城市234个县区抽选出的18948个住户样本和64777个个体样本，其中包括7175户城镇住户样本、11013户农村住户样本和760户外来务工住户样本。数据内容包括住户个人层面的基本信息、就业信息，以及家庭层面的基本信息、主要收支信息和一些专题性问题。与本书主题最密切相关的一点是，CHIP07和CHIP13恰好能覆盖2008年中国高铁从无到有的变化，因此本书认为基于这套数据库能较为真实客观地反映高铁网络的经济效应。表7.1和表7.2对实证探究中的数据指标进行了描述性统计以及线性相关分析。

表7.1　　主要变量的描述性统计

变量	mean	sd	max	min
收入	7.159	0.934	11.51	-2.485
HSR	0.254	0.435	1	0
年龄	37.00	19.22	104	1
教育年限	8.570	3.629	22	0
服务业	0.869	0.337	1	0

资料来源：基于数据，笔者自制。

表7.2　　主要变量的线性相关性分析

变量	收入	HSR	年龄	教育年限	服务业
收入	1.000				
HSR	-0.013	1.000			
年龄	-0.190	0.135	1.000		
教育年限	0.079	0.109	-0.252	1.000	
服务业	0.006	0.016	0.054	0.105	1.000

资料来源：基于数据，笔者自制。

为了考察高铁网络对个体福利的影响，借鉴和拓展林娅棠（2017）多采用的模型，得到适合我们识别目的的如下模型，估计方法采用的是DID：

$$\ln(\text{Income})_{ict} = \lambda_1 \text{Treat}_c \times \text{postHSR}_c + \lambda_2 Z_{it} + \Omega_c + \delta_t + u_{ict} \quad (7-1)$$

其中，$\ln(\text{income})_{ict}$表示位于城市 c 的居民 i 在 t 年的收入水平，用来表征个体的福利增加。我们关注的解释变量是 $\lambda_1 \text{Treat}_c \times \text{postHSR}_c$，Treat 是用以表示样本数据控制组或实验组（1 表示实验组，0 表示控制组）。HSR 也是虚拟变量，它在已有研究中取 1 的情况有如下几种：至 2016 年底，城市能连入高铁网络；或 2013 年底城市已经开通高铁；或已经出台的规划中明确表示会通高铁的城市。结合我们所采用数据库的样本窗口和研究需求，本书选用的是其中第二种界定方式决定一个城市属于控制组（0）还是实验组（1），另外两种界定方式被用于稳健性检验对基准回归进行补充和支撑。Post 代表外生冲击的时间。众所周知，中国的首条高铁线路开通于 2008 年，所以 2007 年的样本数据被标记为 0，2013 年的样本数据被标记为 1。λ_1 为核心解释变量的回归系数，如果显著地大于 0 则表示高铁网络显著正向影响个人福利。z_{it}表示个体层面的控制变量，包括受教育年限、年龄、从事职业所处的行业（服务行业还是制造业）以及其他相关特征变量用以控制可能对结果的影响。Ω_c 表示城市层面固定效应用以控制不随时间变化的城市层面变量。δ_t 表示时间固定效应用以控制随着时间变化的宏观经济效应的影响。此外，为了控制潜在的异方差和空间相关问题，我们参考伯纳德等（2004）的处理方法，将标准差在城市层面进行了聚类调整。

7.2.2 基准回归及讨论

我们首先考察连入高铁网络对城镇居民和农村居民的收入影响，然后再对其导致的福利差异进行探究。表 7.3 是 DID 方法估计得到的通高铁对居民收入影响的回归结果。可见，居民年龄水平与高铁网络对收入的影响是显著的负相关的，即随着劳动者年龄的增加，他从连接高铁这一变化中收到的工资边际增加相对更少。不管是城镇居民还是农村居民，从事服务行业的那些人员相较于没有从事服务行业的，从通高铁中受益更多。在控制了城市固定效应和时间固定效应后，从表7.3中第1列和第2列观察到的是，在样本窗口2007～2013年间，高铁网络对城镇居民和农村居民收入的影响都是显著正向的，即显著地促进了居民的收入水平的提高，7年的总效应值分别为25.8%和12.9%。此外，这一结论也清晰地报告了高铁网络在城镇居民和农村居民之间的提高效应的差异性，这种差异可能会导致城乡居民收益差距的进一步扩大，同时也提示了高铁网络的福利效应在不同群体内的大小甚至方向是不同的。

表7.3　　高铁网络对个体福利影响的基准回归结果

变量	(1) 城镇居民收入	(2) 农村居民收入
处理组×冲击	0.258* (1.79)	0.129*** (4.64)
年龄	-0.0316*** (-34.79)	-0.00890*** (-21.16)
教育	0.00447 (1.55)	0.0375*** (19.59)
服务业	0.0705*** (3.28)	0.0644*** (6.59)
常数项	8.369*** (105.86)	6.857*** (148.36)
城市固定效应	是	是
时间固定效应	是	是
观测数	15916	25684
R^2	0.2538	0.1575

注：括号里面是稳健聚类（城市层面）的T值。* $p<0.1$，*** $p<0.01$。
资料来源：笔者自制。

与前面实证探究中讨论的逻辑一样，为了处理由于遗漏变量和测量误差等导致的内生性问题，尤其是高铁等交通基础设施经济效应评估中由于政策制定者对经济相对发达地区的偏好导致的内生性问题，我们借鉴法伯尔（2014）所采用的机理和方式，用最小生成树作为高铁网络的工具变量。关于这一方法的具体介绍以及构建流程，见 5. 2. 4 部分内容，这里不再赘述。

表 7. 4 报告的是工具变量法的回归结果，结果与基准回归的结论相一致。其中，第（2）列和第（4）列中第一阶段 Kleibergen – Paap rk Wald F 值分别为 35. 774 和 18. 315①，大于施泰格和施托克（1997）提出的相关工具变量一阶段的经验值 10，因而拒绝弱工具变量的假设，提示工具变量的有效性。第 1 列和第 3 列的结果进一步验证了基准回归的结论，即高铁网络显著地提高了个体的福利水平，但同时存在扩大城乡水平的潜在风险。在工具变量回归中，相较于基准回归结果回归系数进一步变大（38. 4% 和 29. 4%），提示了工具变量的方法有效地减小了内生性问题，使得高铁网络对个体收入水平的提高效应表现得更加显著。

表 7. 4　　工具变量法高铁网络对个体福利影响的回归结果

变量	(1) 城镇居民收入	(2) 一阶段高铁	(3) 农村居民收入	(4) 一阶段高铁
高铁	0. 384 * (1. 96)		0. 294 ** (2. 06)	
工具变量		0. 564 *** (59. 94)		0. 387 *** (71. 15)
年龄	–0. 0561 *** (–18. 61)	0. 000672 *** (3. 73)	–0. 00760 *** (–5. 86)	0. 000818 *** (6. 00)
教育	–0. 0460 *** (–5. 01)	0. 00768 *** (9. 26)	0. 0492 *** (9. 39)	0. 00863 *** (11. 82)

① 根据施托克和优葛（Stock & Yogo，2002）的研究，与 Cragg – Donaldson 的 F 值相比，Kleibergen – Paap rk Wald F 值为更主要的检验指标。

续表

变量	(1) 城镇居民收入	(2) 一阶段高铁	(3) 农村居民收入	(4) 一阶段高铁
服务业	0.197*** (3.79)	-0.0304*** (-2.89)	0.000400 (0.02)	-0.0172** (-2.51)
常数项	9.092*** (52.38)	0.0426** (2.49)	7.116*** (92.48)	0.0505*** (4.43)
N	5701	5701	13116	13116
F		35.774		18.315

注：括号里面是稳健聚类（城市层面）的 T 值。$*p<0.1$，$**p<0.05$，$***p<0.01$。
资料来源：笔者自制。

7.3　本章小结

有别于传统的铁路和公路等道路基础设施，高铁又被称为“客运专线”，它仅仅是用来运送旅客而不承担任何货物运输服务，因此其提高和影响的主要是旅客的出行效率。得益于技术的不断发展，高铁运行以高效、安全和准时等优良属性在运输领域占据越来越重要的地位，也正是这些特征确保人员能以更短时间、在更广阔的空间内移动，即出行的时空距离得以“压缩”。高速度带来的高通达性使得高速铁路具备极高的运行效率，这也是高铁最显著、最广为人所知的突出特征之一。通过产品运输成本节约、知识溢出效应等理论机制，高铁的开通推动了区域内外部要素资源的快速流动。在“吞噬”时间与空间的同时，高铁更是从效率与公平双重维度影响着资源空间配置，在空间形态上表现为经济空间格局的重塑。

本章基于中国 CHIP 微观数据库，从福利水平的角度考察了高铁网络对区域经济协调发展的影响。我们的研究发现，2007～2013 年间高铁的开通给城镇和农村居民都带来了福利的增加，影响效应分别为 25.8% 和 12.9%。很显然，随着连入高铁网络总福利效应的增加，同时它也带来了不平等程度的加剧。此外，居民年龄水平与高铁网络对收入的影响是显著负相关的，即随着劳动者年龄的增加，他从连接高铁这一变化中收到的工资边际增加相对更少。不管是城镇居民还是农村居民，从事服务行业的那些人员相较于没有从事服务行业的，从通高铁中受益得要更多。为了处理由于遗漏变量和测量误差等导致的内生性问题，尤其是高铁等交通基础设施经济效应评估中由于政策制定者对经济相对发达地区的偏好导致的内生性问题，我们借鉴法伯尔（2014）所采用的机理和方式，用最小生成树作为高铁网络的工具变量，结果进一步支撑了原结论。

但是，高铁相对高昂的费用也使得它的可获得性对不同收入群体而言明显差异（吴康，2013；Qin，2015；Lin，2017）。进一步得知，作为不同群体对高铁的不同敏感度的一个表现，产业结构会相应地发生变化。不同群体对高铁的不同敏感度，更多是源于他们的收入水平差异，高收入群体往往对时间成本更加看重也就更加愿意支付相对更高的车费，而这种差异会在产业结构上体现出来。根据徐铭桎（2017）和林娅棠（2016）的研究结论，劳动力技能水平对通高铁的敏感性具有显著的影响，这一点也是易于理解的，因为劳动技能水平的高低往往与收入水平呈显著的正相关关系。而劳动力技能水平又与受教育水平密切相关（Kerckhoff，Raudenbush and Glennie，2001；Strayer，2002）。到目前为止，我们已经得到高铁网络带来了福利水平的提高，增强农村居民和城镇居民之间的差距等研究结论，这其中扩大发展差距显然不是政策制定者所愿意看到的结果，所以关于高铁网络与发展差距之间的关系还有待做进一步的考察，即在本章研究结论的基础上可作为值得进一步拓展的方向之一。事实上，教育与经济发展的密切关系已经在很长时间内被广泛的探讨（褚宏启，2009；姚永强，2014；秦玉友和曾文婧，2018），人力资本理论指出人力资本逐渐替代物质资本成为推动经济发展的主要力量，使人们进一步认识到了人力资源在经济发展中的作用。刘文菁（2009）的研究中关注和考察了农村教育和经济的协调发展，她进一步分析认为发展教育是保持经济可持续发展的有效手段。

第 8 章 高铁网络影响区域协调发展的作用机理探究

——生产率视角

前文中，我们依次从地区外贸、城乡收入差距和福利水平分析了区域经济的发展，实证考察了高铁网络对区域经济协调发展的影响。为了明晰高铁网络建设对区域经济发展影响的传导机制，本章基于文献梳理选择高铁网络发展影响生产率水平的视角对通高铁影响区域经济协调发展的作用机理做进一步深入分析。

高铁网络带来了地区间人员出行的便利性，斯密定理阐述“市场范围限制劳动分工”，而市场容量取决于运输条件，那么交通运输条件的改善可望带来分工程度的提升。新贸易理论认为具有广阔国内市场的企业，更易于实现规模经济，而规模经济促使内部需求越大的国家越倾向于出口。[①] 以梅利兹（Melitz，2003）研究为代表的异质性企业贸易理论，拓展了新贸易理论模型，强调生产率为决定出口的内在因素，并论证了生产率越高的企业更能进入国际市场进行出口贸易。后续的大量文献从企业异质性和集聚经济等方面对企业出口行为的决定因素进行了研究和讨论（Bernard，2004；易靖韬和傅佳莎，2011；赵伟和赵金亮，2011）。随着中国制造业的快速发展，企业的生产率不断提高，特别是 2008 年之后得

① “生产的规模经济使内部需求越大的国家越倾向于出口”，这是新贸易理论的重要结论之一。赵玉奇和柯善咨（2016）在这一逻辑指导之下，考察了国内市场分割情况对企业出口的影响，实证探究结果显示，市场分割程度对企业出口产生了“扭曲”的激励作用，一定程度上解释了“生产率悖论”产生的原因。

到快速发展（杨汝岱，2015），这一发展的时间线与高铁的不谋而合。已有实证分析所揭示的生产率的经济影响方向有正有负，但毋庸置疑的是生产率对经济发展的显著影响已经是普遍达成的共识，这点是本章将生产率作为高铁网络发展影响区域经济的一个潜在作用机制进行考察的重要理论支撑。

8.1 生产率机制的理论基础

高铁兴起于20世纪中期，相较于其他交通方式，高铁的能耗最低、污染最小，因而在政府交通基础设施规划中占据越来越重要的地位。高铁的开通可以提高城市的可达性、拓展城市空间，进而提高城市间的经济联系（Gutierrrez，1996；罗鹏飞等，2004；蒋海兵等，2010；Shaw et al.，2014）。但是高铁影响地区经济增长的研究结论却不尽相同，大量研究表明，高铁对区域经济发展产生了差异化影响，如维克曼（1997）横向比较欧洲高铁所连接的多个国家在高铁开通后的经济影响，发现高铁促进了几个主要都市的经济发展，科多－米兰（2007）揭示了欧洲高铁对中部国家和边缘国家影响的差异；李志刚和徐航天（2018）研究发现日本新干线加剧了服务业的中心集聚程度进而导致了经济的极化效应，使边缘地区服务业人数减少。此外，有部分学者关注了高铁对劳动力市场和产业结构等方面的影响。如佐佐木（1997）以日本新干线网络为研究对象，通过数据仿真分析得出开通高铁优化产业空间分布的结论；林娅棠（2017）则基于中国高铁数据分析了开通高铁带来的城市间往来便利对城市就业和分工的影响，发现高铁促进了城市就业的增长、提升了专业化分工程度。以上研究为本书探究中国高铁对企业生产率的影响奠定了重要的分析基础和研究启示。

由“非对称市场整合的中心—外围效应”，基于工业生产中的规模报酬递增、迪克西特－斯蒂格利茨（Dixit－Stiglitz）垄断竞争和冰山贸易成本等假设，克鲁格曼（Krugman，1980）和赫尔普曼和克鲁格曼（Helpman & Krugman，1985）为“市场规模是工业化的重要决定因素”以及“大市场和小市场之间贸易成本的降低会促使生产向大市场周围集中”等命题提供了微观基础。这一效应还可以单独用克鲁格曼（1980）和赫尔普曼和克鲁格曼（1985）所提出的母市场效应[①]解释，或是结合其他如劳动力流动性提高引起的集聚增强效应（Krugman，1991）一起分析。在这些研究中，贸易整合“中心—外围”效应的共同基础是，城市间贸易成本的降低既减弱了集聚力（例如使其便于接近消费者、使大市场与生产投入建立联系）也减弱了分散力（例如产品市场竞争减少、小市场要素价格降低），但两者共同作用下，如果集聚力减少的程度比分散力减少的要更大，则呈现集聚的现象。中心城市的经济力量[②]，既有扩散效应又有虹吸效应，而中心与外围间的不合理经济联系（如贸易联系、劳动力流动、资本转移等）是差距扩大的原因所在（Firedmann，1972）。

此外，新古典经济学中规模报酬不变的贸易理论也可以解释。对外围城市而言，交通基础设施带来的区位改变，会使其相较于中心城市工业生产的比较劣势更加显著。因而，如果当区域间交通成本降低时，外围城市的生产要素进一步向大城市集聚，将会导致位于外围城市企业的生产率下降；反之如果要素流动性增强带来的生产率提升效应相对更加显著，则会使这些城市的生产率得以提高。再者，“出口企业比非出口企业生产率更高”这一结论已成为企业层面国际贸易研究的中心命题（Melitz，2003；Bernard et al.，2003）。基于赫本哈恩（1992）一般均衡框架下的垄断竞争动态产业模型，梅利兹（2003）扩展了克鲁格曼（1980）的贸易模型，建立了引入企业生产率差异的“异质企业动态产业模型”，从而提出“生产率最高的企业因为能够承担海外营销的固定成本而开始出口，但生产率较低的企业只能继续为本土市场生产甚至退出市场”。综上所述，本书推

---

① 指存在规模经济和运输成本的世界中，那些拥有较大母国市场需求的产品更容易成为该国的出口产品。(Hanson & Xiang，2002)

② 弗里德曼（Firedmann，1972）概括认为，中心能对外围施加影响的原因，一是它的创新活动往往比较活跃，二是它具有使外围服从和依附的权威与权力（社会、政治因素）。

测中国高铁网络的建成和不断完善，引致要素流动性提高，可能会增强也可能会减弱交通基础设施对区域经济的影响，作用方向究竟如何取决于要素流出强度与生产率提升强度的相对大小。

8.2 实证探究与讨论

8.2.1 数据与实证策略

8.2.1.1 数据来源

本书的数据来源主要有：1999 ~ 2011 年《中国城市统计年鉴》、1999 ~ 2011 年《中国区域统计年鉴》、1999 ~ 2011 年《工业企业数据库》《中国地形图》《全国交通地图册》、1999 ~ 2011 年《中国铁道年鉴》、百度地图开放平台等。按数据内容可以大致分为以下三大类。

（1）高铁数据。主要来自《中国铁道年鉴》、中国铁路总公司网站、国家铁路管理局等新闻报道或公告中，搜集获得关于高铁线路的开通时间以及规划修建时间等信息。各站点和城市中心精确的经纬度数据，来自百度地图开放平台。机制验证中，根据高铁站到城市中心的距离来细分样本进行检验，这一细分可以在很大程度上不遗漏高铁站和城市中心之间距离产生的偏误，而且可以将那些名义上没有开通高铁，但实际也在高铁站经济效应辐射范围内的城市数据包含在内。

（2）区域数据。主要是指从《中国城市统计年鉴》中获得的关于城市经济特征的数据，一些年份的缺失值由《中国区域统计年鉴》予以补充。《城市统计年鉴》的地级市层面数据，涉及农业、服务业、人口、不同部门的就业、平均工资、固定资产投资以及地方政府的财政收支等内容。《区域统计年鉴》的数据，涉及房地产投资、价格和工业产出等内容。

（3）微观数据。主要从中国工业企业数据库中获得。该数据库提供了1998~2011年全部的国有企业以及年销售额在500万元以上的非国有企业，给出了企业层面的详细信息，包含企业的地理位置、所属行业、成立年份、总产值、总销售额、中间要素投入、固定资产、员工人数等上百个变量。在使用之前，本书需要对该数据库做出如下处理：第一，由于原始数据中部分企业的法人代码发生了改变，本书参考勃兰特等（Brandt et al.，2012）的做法，采用企业的法人代码、企业名称、法人名称、地区代码、行业代码、成立年份、地址和主要产品名称构建新的面板数据，并生成了新的企业识别代码；第二，参考勃兰特等（2012）的做法，删除企业员工少于8人的观测样本；第三，参考蔡洪斌等（2009）的做法，删除缺少以下变量的企业样本：总资产、净固定资产、销售额、工业总产值；第四，参考芬斯特拉等（Feenstra et al.，2014）的做法，删除不符合一般公认会计准则（GAAP）的样本，即流动资产大于总资产，总固定资产大于总资产以及删除没有识别编号的企业或成立时间无效的企业，例如成立时间在12月之后或在1月之前；第五，由于中国在2003年采用了新的行业分类代码，本书根据勃兰特等（2012）的做法，按照新的行业分类代码对企业数据进行了标准化统一；第六，中国工业企业数据库缺失2004年的工业总产值，本书采用2004年经济普查数据库中的工业总产值来填补这一缺失值。同时，考虑到自然资源在矿产、石油等资源性行业中有重要作用，烟草、废物回收处理以及水电煤气生产供应的垄断性和不可贸易性，故而本书将剔除这些行业，对制造行业进行研究分析。

8.2.1.2　市场准入指标

参考唐纳森和霍恩贝克（2016）测算美国铁路网引致市场准入（market access）变化的思路，测算了高铁引致的市场准入，以探究高铁开通对企业生产率的影响机制。市场准入是唐纳森和霍恩贝克（2016）率先提出的概念，其测算体系是一个从一般均衡贸易理论推演而来的约简型体系，用以估计随着交通基础设施建设的进行区域间往来成本变化的加总效应（aggregate impacts）。我们依据这套测算方法测算了“高铁引致的市场准入”（MAHSR）来表征高铁网络的发展情况。

交通基础设施带来的市场准入变化。已往研究表明，交通基础设施主要通过引致市场准入变化产生经济效应。交通基础设施带来的市场准入提高，一方面，令产品和要素流动的成本降低，使企业在同样条件下可以得到更低价或更高质量的要素，进而提高企业生产率（Bernard et al.，2015）、促进企业出口（Xu，2017）和促进城市就业（Lin，2017）等。另一方面，可能导致“非对称市场整合的中心—外围效应”，使经济活动向中心城市集聚而对外围城市产生负向影响。如法伯尔（2014）探究中国高速公路建成带来的交通成本降低对地区经济增长的影响，发现高速公路因为降低了外围城市工业总产出增速而对外围城市经济增长产生了显著的负向影响；秦宇（2017）以中国铁路提速研究对象揭示了其经济重组效应，结果显示通高铁减少了外围城市的固定资产而导致对这些城市的经济增长的负向影响。

对照已有研究中量化交通基础设施的方法，这一指标的优势主要体现在以下三个方面：第一，定量评估交通基础设施的综合影响。随着交通基础设施的扩大，城市间交易成本显著降低，交通运输越便捷，市场可达性就越高；第二，刻画了交通基础设施对每一个城市的全局影响。计算过程中利用了全局范围内所有可能的运输方案，即决定市场可达性大小的是在全国交通网络范围内的全局便利程度，及其与重要经济区域的互联程度；第三，同时能够刻画交通基础设施建设的直接影响和间接影响。计算中涉及的交通出行成本，当相邻城市的交通设施变得更加完善时，即使本城市的条件没有发生改变也会对结果产生显著影响，提高其市场准入。

本书中“市场准入”与哈里斯（Harris，1954）提出的“市场潜能”（基于最低成本下可得的市场数目及规模的测算）的区别，主要体现在以下两个方面：首先，哈里斯（1954）的计算公式为 $\sum_{d \neq o}(\tau_{od})^{-1}N_d$，其中 τ_{od}（市场与市场之间贸易往来的交通成本）是用“两地间距离”来表示。而本书借鉴唐纳森和霍恩贝克（2016）构造的“市场准入”则进一步考虑了在两地间地理距离不变的情况下，道路交通基础设施网络的建设和发展对各城市的影响。其次，在市场准入的构建中，“市场准入”允许贸易成本对另一城市市场规模的重要性产生影响，影响大小为 $-\theta$，而哈里斯以固定值“-1”来计算。伊藤和科腾（2002）指出，参数 θ 描述了生产率的分布，反映了贸易流动中的“比较优势”（贸易弹性），值越小意味着这个区域的生产率吸引越分散，会致使产生更多的贸易动机。唐纳森和霍恩贝克（2016）发现用实际数据估计得到的 θ 是显著地大于 1 的，选择不同的 θ 值会对市场准入值产生不同的影响，具体的取值应取决于具体的实证场景。因此，他们通过利用结构模型和非线性最小二乘法（NLS）估计得出最适合美国样本数据实证设定的 θ 值，所估参数 8.22 在 3.37 ~ 13.18 置信区间内有 95% 的置信概率。

参考以往研究（Lin，2017；Donaldson & Hornbeck，2016），本书中“市场准入”的测算公式为：

$$MA_{k,t} = \sum_{j} \tau_{kj,t}^{-\theta} GDP_j \tag{8-1}$$

式（8-1）中，$MA_{k,t}$ 表示城市 k 在 t 年的市场准入；$\tau_{kj,t}$ 是交通成本矩阵，表示城市 k 与城市 j 之间在 t 年的交通成本；GDP_j 为城市 j 的国民生产总值（gross domestic product，GDP）用以表征城市 j 的市场规模。定性上，市场准入值越大，意味着这个城市能够以低成本接触到规模越大的市场。

很显然，计算市场准入的核心为城市间交通成本（τ_{kj}），本书中既包含对时间价值维度的考察，也包含所需金钱花费维度的考察，并且随逐年新建的交通基础设施建设而变化。因此，为了构建这一矩阵，本书结合已有相关研究做出以下相关关键假设：

假设 1：城市间距离矩阵的构建。根据郑恩齐和科恩（2013）的计算实践，城市间道路距离等于城市间直线距离的 1.2 倍。城市间直线距离则是依据各城市的经纬度坐标数据，运用 Arc-GIS 计算得到。

假设 2：价值的核算。为了识别高铁对出行时间和出行费用的影响，需要先进行成本计算。本书对运行速度和所需费用进行标准化设定：高铁的速度为250公里/小时，所需费用为0.43元/公里，测算“高铁引致的市场准入”（MAHSR）。

假设3：时间价值的核算。考虑到在现实中选择不同的交通出行方式，决策意味着要取舍，即是选择更短的出行时间还是更高昂的车费？时间和费用是在决策选择哪种交通方式时需要权衡的两个关键变量。这一点也是本书在构建动态交通成本矩阵时需要考虑的。为了反映开通高铁带来的城市间交通往来时间价值的节约，需要对时间价值进行核算。一般认为，高收入群体往往对时间更加看重，也更愿意支付高昂的车费，由此可以推知“工资”在关于时间和车费的决策过程中有重要作用。所以，在测度时间的价值时，本书把两个城市的平均工资作为时间的单位价值。为了避免其他的内生性问题，计算时采用2007年的工资数据，也就是高铁开通前一年的情况。此外，为了减少跟地理有关的地区冲击造成的内生性，在所有市场准入的计算中，各城市GDP均为2000年的数据。

假设4：参数θ的选择。关于反映贸易弹性的参数θ的估计，已有文献中关于国别层面的估计相对较多，如伊藤和科腾（2002）基于1995年经济合作与发展组织（OECD）经济体间制造业部门内部贸易往来的数据，计算得到的θ值为8.28、3.6和12.86。科斯纳特等（2011）和思蒙诺斯卡和王（Simonovska & Wang，2014）进一步放宽了伊藤和科腾（2002）的假设条件，同样是利用20世纪90年代OECD内部贸易数据，计算得到的θ值约为4.5～6.5。碍于数据的可得性有限，相对而言一国之内的估计较少，如伯纳德等（2003）利用美国企业层面的生产率分布，估计得到θ=3.6，唐纳森（2018）利用印度地区间贸易数据，估计得到的θ值约为3.6。因为缺乏中国国内区域间贸易流动的数据，我们无法从实际数据中直接估计这一参数。回顾以往文献发现，以中国为例的实证研究中，特雷弗和朱（Trevor & Zhu，2015）基于文献梳理设定的θ值为4，徐铭桎（2017）基于思蒙诺斯卡和王（2014）的估计结果θ值也是取为4，林娅棠（2017）的θ值取为3.6。综合考虑这些已有研究，本书在计算中主要采用的是θ=3.6，为了验证稳健性，本书进一步取θ=4和θ=

8.28 时“市场准入”的计算结果进行检验。从市场准入的计算公式来看，如果一个城市到其他城市的交通成本越低，则这个城市的市场准入就越大（与通达性的解释相似）。

表 8.1 呈现了高铁引致的市场准入的计算结果。从表 8.1 中可以看出，“高铁引致的市场准入”（MAHSR）随着时间的推移均增大（上升）趋势，这与市场准入值随着交通基础设施的完善而逐渐增大的现实相符。需要说明的一点，高铁引致的市场准入（MAHSR）在 2008 年（中国高铁开元年）之前，均值也存在逐年增加的现象，这主要是因为计算过程中将传统铁路和普通公路作为每个城市的初始交通禀赋，高铁网络发展是在初始交通禀赋基础上的改进，也因此高铁引致的市场准入在高铁开通后增加更为迅速。本书的结果与林娅棠（2017）所测算的中国高铁带来的市场准入结果进行比较，数量级和增长率都有很高的相似性，也侧面验证了本书测算结果的可靠性。

表 8.1　高铁引致的市场准入历年变化情况[①]

变量	含义	1999 年	2002 年	2005 年	2008 年	2011 年	2013 年
MAHSR	高铁带来的市场准入	12.3357	12.3435	12.3819	12.4071	12.5236	12.5976

注：以上结果均是对数结果。
资料来源：笔者计算整理。

表 8.2 报告了高铁引致市场准入对中国各类交通运量的影响，结果与定性预期的各种交通方式之间的替代和互补关系相符，即客运专线的高铁作为铁路系统的拓展和延伸，对铁路客运有显著贡献，但在一定里程范围内与民航存在竞争关系（互为替代品，负相关关系）。需要说明的是，由于统计口径只有对“铁路客/货运量”的统计，而没有进一步细分普通铁路和高速铁路，因此统计数据反映的是两者的总和，难以剥离观察到高速

① 经过与林娅棠（2017）计算的市场准入比较，数量级非常相近，侧面印证了计算结果的可靠性。

铁路对普通铁路运输的影响。

表 8.2　高铁引致市场准入对各类交通运量的影响

变量	(1) 客运总量	(2) 铁路 客运量	(3) 高速公路 客运量	(4) 民航 客运量	(5) 货运总量	(6) 铁路 货运量	(7) 高速公路 货运量
高铁引致的 市场准入	-0.0203 (-0.63)	0.696 *** (2.69)	-0.0221 (-0.61)	-0.263 ** (-2.50)	0.00596 (0.15)	0.224 (1.45)	-0.0150 (-0.40)
时间固定效应	是	是	是	是	是	是	是
城市固定效应	是	是	是	是	是	是	是
观测数	3650	3266	3646	1387	3650	3319	3649
R^2	0.407	0.240	0.393	0.725	0.575	0.131	0.532

注：括号里面是稳健聚类（城市层面）的 T 值。** $p<0.05$，*** $p<0.01$。
资料来源：笔者自制。

8.2.1.3　生产率指标

本书关注的是企业生产率，企业生产率是指企业在给定投入下能得到的产出的效率。索罗（Solow，1957）等人提出了全要素生产率（total fcator productivity，TFP）的概念，用一个加总指数来揭示所有要素的增长，计算出来的 TFP 就是加总的投入要素指数的平均生产率。TFP 是产出中不能被投入要素衡量的部分，即生产率增长中无法被劳动力和资本解释的部分，因此相较于劳动生产率，它可以度量除了劳动—资本变化以外的技术变化，因此成为最常用的指标（Syverson，2011）。全要素生产率的差异被广泛地认为可用于解释发达国家与发展中国家人均生产总值差异（Klenow & Rodríguez - Clare，1997；Prescott，1997；Hall & Jones，1999）。提升全要素生产率在已有研究中揭示和广为讨论的两条途径分别为：一是通过技术创新提高生产要素的使用效率（易纲等，2003）；二是通过政策引导提高资源的配置效率（Hsieh & Klenow，2009；聂辉华和贾瑞雪，2011；谢呈阳等，2014；Ryzhenkov，2016）。

关于TFP的测量方法，主要可分为参数法、非参数法和半参数法，但任何一种估计方法都有不足和缺陷（Van Biesebroeck，2007；Van Beveren，2012）。

首先，参数法，包括索罗余值法、拓展的索罗余值法和随机前沿分析法（stochastic frontier analysis，SFA）。主要思路是通过设定一个生产函数，估计产出弹性，再通过OLS计算索罗残值（Solow residual）。最开始在主流文献中，通常采用科布—道格拉斯生产函数来刻画投入要素的加总函数。索罗余值法计算TFP，指企业实际观察产值和由OLS计算所得的估计产值之间的差额（如Chow，1993；Chow & Lin，2002；郭庆旺和贾俊雪，2005；刘生龙和胡鞍钢，2010；王华，2018）。但是，采用这种方法得出的生产率与投入要素相关导致的同步偏差（simutaneous bias）、生产率与企业退出市场相关导致的选择偏差（selection bias）和设定的生产函数过于简单不符合现实等缺陷被慢慢发现。丹尼逊（Denison，1962）、乔根森和格里利茨（Jorgenson & Griliches，1967）等人在索罗余值法基础上对投入要素做了进一步细分再赋权重，得到总的投入，称之为“拓展的索罗余值法”。进一步地，艾格纳等（Aigner et al.，1977）提出了随机前沿分析法：第一步，估计潜在的最高产出水平，以确定生产效率与其差距；第二步，估计投入要素的系数，并且可以将生产者对前沿技术的偏离进行分解，得到“生产效率”和“随机扰动”两部分。SFA方法在一定程度上消除了随机因素对前沿生产函数的影响，并将TFP变化分解为技术进步和技术效率变化，这使得分析更加接近实际情况（如刘秉镰等，2010）。

其次，非参数法，包括数据包络分析方法（DEA）和DEA-马奎斯特（DEA-Malmquist）指数法。DEA模型又可以细分为根据设定是否为规模报酬不变和规模报酬可变，DEA方法不需要考虑投入和产出的生产函数形态，但是模型中未能考虑随机误差及其对前沿面的影响。马奎斯特（Malmquist，1953）提出了马奎斯特指数，后来，学者将这一指数与DEA结合，用线性规划的方式构造生产边界而不是采用先验的生产函数设定，进一步减少了条件限制，称为DEA-马奎斯特方法（如章祥荪和贵斌威，

2008；俞佳立和钱芝网，2018）。每个企业与生产边界的距离作为效率，TFP 能够被分解为配置效率、规模效率和技术进步。但是，这种方法没有考虑样本的随机性，随机边界的做法又人为设定了误差项的分布（如 Kumbhakar & Lovell，2003；Wu，2008；张健华和王鹏，2012；孙早和刘李华，2016）。

最后，半参数法。随着模型估计方法的进步，尤其是结构式生产函数的识别，为了解决传统估计中要素投入与生产率的相关性引起的内生性问题，经济学研究者不断地提出了诸多解决方法，其中较为普遍接受的是控制函数方法，包括：以投资额作为生产率代理变量的 OP（Olley & Pakes；1996）[①]、以中间投入品作为代理变量的 LP（Levinsohn & Petrin，2003）和 ACF（Ackerberg et al.，2006）方法。具体而言，OP 方法分两步计算生产函数中资本、劳动力和其他生产投入的比重：第一，估算劳动力和其他投入在生产函数中的比重，得出不考虑资本的 OLS 拟合残差；第二，用不考虑资本的 OLS 拟合残差做因变量，资本作为自变量，采用非线性最小二乘法对资本投入的系数进行估计。估算结果的第二步与第一步中获得的劳动力和其他投入的系数相结合，可以计算企业的生产率。OP 方法有效地解决了生产率与投入要素相关导致的同步偏差和生产率与退出相关导致的选择偏差（如张杰等，2009；余淼杰，2010；聂辉华，2011）。采用 OP 方法估算时，投资额为 0 的观测值会被剔除掉，以中间投入为工具变量的 LP 方法的出发点就是“中间投入为 0 的情况比投资为 0 的要少得多”（范剑勇等，2014；桑瑞聪等，2018），但 LP 方法仍旧未能解决样本选择问题[②]。最新的 ACF 方法，在 LP 方法的基础上更好地解决了其存在的共线性问题。ACF 亦是分两步进行估计：首先，将生产率从生产函数中进行分离，将中间品投入作为企业生产率的代理变量，得到生产率对中间

---

① 奥莱和帕克（Olley & Pakes，1996）测算的美国通信业企业进入和退出的配置效率成为经典之作，其测算 TFP 的方法也被称为“奥莱和帕克方法”。

② 这里的样本选择问题，指的是样本中本就是那些因为具有较高生产率得以在市场竞争中存活下来的企业，而那些较低生产率的企业已经“自发地”因为倒闭或退出市场而没有被包含进回归样本中。

投入的反函数；其次，假设生产率遵循一阶马尔科夫过程，并采用 GMM 方法估计资本和劳动力的系数（许明和李逸飞，2018；诸竹君等，2018）。

测算生产率。本书中所采用的是中国规模以上[①]工业企业数据。地区的生产率，采用企业层面数据计算得到的企业全要素生产率（total factor productivity，TFP），再按地级市层面进行加总得到。企业层面的数据指 1999～2013 年中国工业企业数据库，该数据库由中国国家统计局组织调查并发布，样本范围为全国 31 个省、自治区及直辖市的 30 个二位数行业的全部国有制造业企业以及年销售额超过 500 万元以上的非国有制造业企业，涵盖了制造业、采矿业、电力、燃气及水的生产和供应业的规模以上[②]工业企业。数据库提供了所调查企业的详细信息，包含企业所处的地理位置、所属行业、成立年份、年总产值、年总销售额、中间要素投入、年度固定资产、员工人数等上百个变量。数据库的统计单位为企业法人，而数据则为各样本企业提交给当地统计部门的年报汇总，它是编制《中国工业统计年鉴》的基础数据。

估计方法。如上文所述，为了解决企业层面生产率估计中的内生性问题，以往经济学研究者提出了诸多解决方法，其中较为普遍接受的是控制函数方法，即以投资额作为代理变量的 OP、以中间投入品作为代理变量的 LP 和 ACF 方法。本书选取了 ACF 方法，该方法解决了 OP、LP 方法中第一阶段估计的多重共线性问题，被越来越多地运用在企业层面的 TFP 估计中。本书使用 ACF 方法估计增加值生产函数，并使用中间品作为代理变量，最大限度地保留了观测值。

---

① 在历次统计制度调整中，对“规模以上”的定义进行了如下调整：规模以上工业企业，在 1998～2006 年是指全部国有企业和年主营业务收入 500 万元及以上的非国有企业；2007～2010 年，统计范围调整为年主营业务收入 500 万元及以上的工业企业；2011 年至今，统计范围为年主营业务收入 2000 万元及以上的工业企业。

② 1998 年，国家统计局将工业统计范围划分为规模以上和规模以下两部分。

8.2.1.4 实证模型

为考察高铁网络发展对企业生产率的影响，本书对林娅棠（2017）的模型进行拓展，构建如下模型：

$$\ln(productivity)_{ict} = \lambda_0 + \lambda_1 MAHSR_{ct} + \lambda_2 V_{it} + \lambda_3 O_{ct} + \Omega_c + \delta_i + \delta_t + u_{ict} \quad (8-2)$$

其中，$\ln(productivity)_{ict}$表示位于城市 c 的企业 i 在 t 年的生产率，生产率是把既定的生产要素（集）转换为产出的能力（Syverson，2011），既有文献中采用 TFP 衡量生产率的方式最为普遍（Jefferson et al.，1996；Chow & Li，2002；罗德明等，2012；曲玥，2016），这是因为更高的全要素生产率意味着使用同样的生产要素（集）可以有更多的产出。以劳动生产率①，即产值比劳动力数目，也是较为常见的一个测度指标（傅晓霞和吴利学，2006；Arkolakis et al.，2012；戴觅和茅锐，2015；孙元元，2015），因此本书同时采用了这两种方式来刻画因变量生产率。

本书最关心的主要解释变量为$MAHSR_{ct}$，λ_1 为核心解释变量的估计系数，如果 $\lambda_1>0$ 且显著，则表明交通基础设施正向影响企业生产率，反之则负向影响。V_{it}为企业层面控制变量：包括企业规模、企业年龄、企业负债和企业出口强度，用以控制其他企业因素产生的影响。O_{ct}是城市层面的控制变量。Ω_c 是城市固定效应，控制不随时间变化的城市特征因素。δ_t 是时间固定效应，用以控制时间维度的宏观经济冲击。δ_i 表示企业固定效应，用以控制企业层面的特征变量。

根据克鲁格曼的“中心—外围理论”，城市经济圈由中心城市和外围城市构成，但中心城市对外围城市总是同时具有正向的外部影响（外溢效应）和负向的外部影响（虹吸效应），加之交通基础设施布局和决策时往往由于政治因素和经济因素而对中心城市有更大的偏好，因此实证对象被划分为“中心城市”和“外围城市”两类。实证的数据样本为中国大陆

① 劳动生产率的单位为千元/人。

313 个地级城市，其中省会城市和直辖市视为中心城市，其余的城市被视为外围城市，样本窗口为 1999 ~2013 年。

8.2.2　基准回归及讨论

表 8.3 为基于式（8 -2）的基准回归结果。由机理分析可知，高铁网络的建成和不断完善，引致要素流动性提高，可能会增强也可能会减弱交通基础设施对区域经济的影响，作用方向究竟如何取决于要素流出强度与生产率提升强度的相对大小。根据实证回归的结果，无论是 TFP 为指标的生产率还是以劳动生产率为指标的生产率，高铁网络发展显著地负向影响外围城市的企业生产率，在外围城市内要素的流出强度大于因中心城市的技术溢出而带来的生产率提升强度，在区域经济发展上的作用方向因而也是弱化的。生产率机制的作用方向与前文中我们分析得到的高铁网络发展对外围城市的出口贸易负向影响、城乡收入差距的扩大效应以及农村居民受高铁福利提高效应相较于城镇居民更小等实证证据是相一致的。

表 8.3　　　　高铁网络发展对生产率的影响

因变量	(1) TFP	(2) 劳动生产率
高铁引致的市场准入	-0.0690 *** (-2.73)	-0.113 *** (-4.17)
地区生产总值	0.104 (0.98)	0.515 *** (5.97)
人口	-0.261 (-1.47)	-0.301 ** (-2.20)
时间固定效应	是	是
城市固定效应	是	是
观测数	3997	4332
R^2	0.224	0.887

注：括号里面是稳健聚类（城市层面）的 T 值。** $p<0.05$，*** $p<0.01$。
资料来源：笔者自制。

为了识别空间选择效应，我们进一步采用事件分析法，以外围城市为样本，对高铁对企业规模和企业数量的影响进行了分析。由图 8.1 中可以看出，高铁开通显著地负向影响了外围城市企业的规模，但是对企业数量未造成显著影响。这与现实情况相符，即大企业由于固定投资成本高不易迁移、流动。因此，本书进一步从资源的新配置角度即要素向中心城市聚集的角度入手对机制探究进行分析。

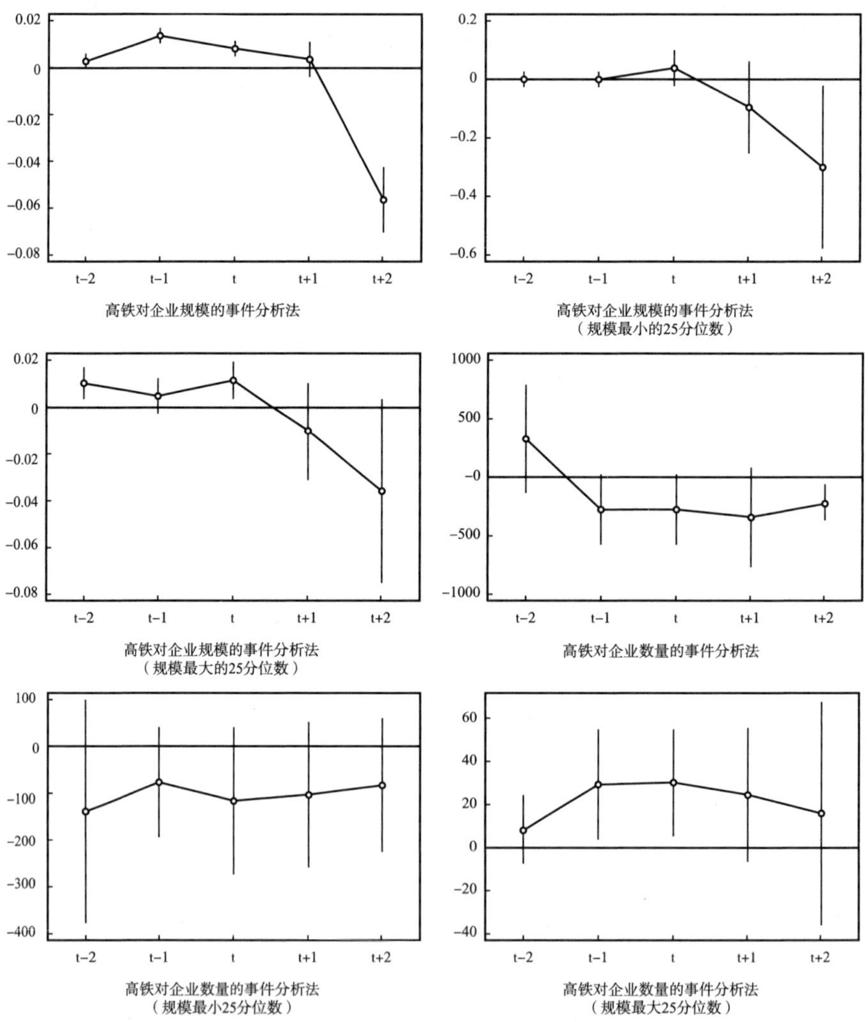

图 8.1 事件分析法：高铁对外围城市的企业规模和数量的影响

资料来源：根据回归结果，笔者自制。

为了进一步验证基准回归结论的稳健性，首先，我们采用了调整市场准入计算参数的方式进行稳健性检验，取 $\theta = 4$ 和 $\theta = 8.28$ 时“市场准入”的计算结果进行检验。检验的结果报告于表 8.4，高铁网络发展对城市企业生产率的影响方向和显著性均未发改变，支撑了基准回归结论的稳健性。

表 8.4　　稳健性检验：调整计算市场准入的系数值

因变量	(1) TFP $\theta = 4$	(2) TFP $\theta = 8.28$
高铁引致的市场准入	-0.0406*** (-4.50)	-0.214** (-2.41)
地区生产总值	0.107 (1.10)	0.0941 (0.90)
人口	-0.245 (-0.98)	-0.242 (-1.39)
时间固定效应	是	是
城市固定效应	是	是
观测数	3997	3997
R^2	0.227	0.224

注：括号里面是稳健聚类（城市层面）的 T 值。** $p < 0.05$，*** $p < 0.01$。
资料来源：笔者自制。

其次，我们以所有中心城市样本为实证分析对象进行探究。理论上，高铁网络的发展对社会经济整体的影响应该是正向的，因为它作为技术进步对要素的空间流动具有显著的促进作用，而要素流动性的提高对经济生产而言无疑是利好的因素。但是前文的探究中显示，对外围城市区域经济发展影响多为负向，我们认为这可能是经济活动在空间上的再分配导致的，即经济更多地向中心城市集聚。如果这一分析逻辑正确，那么以中心城市为样本的结果应该是显著为正。如表 8.5 所报告的，高铁网络的发展对中心城市企业生产率带来了显著的促进提高，与预期结果相符，也验证了基准回归中显示的对外围城市负向影响结论的稳健性。

表 8.5 稳健性检验：对中心城市的回归

因变量	(1) TFP	(2) 劳动生产率
高铁引致的市场准入	0.180 *** (2.70)	0.215 *** (3.97)
地区生产总值	0.243 (1.25)	0.202 (1.12)
人口	-0.271 * (-1.83)	-0.0877 (-0.73)
时间固定效应	是	是
城市固定效应	是	是
观测数	471	507
R^2	0.899	0.958

注：括号里面是稳健聚类（城市层面）的 T 值。* $p<0.1$， *** $p<0.01$。
资料来源：笔者自制。

8.2.3 异质性探究

结合以往研究和结论，我们做出以下推测：第一，秦宇（2017）在高铁的地区增长效应分析中强调了城市初始禀赋的影响，因此城市初始交通禀赋可能会对高铁的虹吸效应产生影响。具体而言，高铁开通带来的冲击在初始交通禀赋低的城市会更加显著，因而虹吸效应可能越大。第二，加尼等（Ghani et al.，2014）和林娅棠（2017）分别在关于印度高速公路和中国高铁的经济效应考察中都提及了交通与产业空间分布密切关系的。高铁作为客运专线，对高级生产要素更为敏感。因此，本书推出越是资本或技术密集型行业，受到虹吸效应越显著。第三，在高铁带来市场准入提高增进了要素的空间流动这一前提下，思考这一网络如何“放置”最优的问题。因为高铁网络与城市的“交点”是高铁站，那么我们推测站点与城市中心的相对距离会对虹吸效应产生影响。

因此，我们从上述三个方面——城市初始交通禀赋、行业异质性和高铁站与城市中心的相对距离做进一步验证和探究。

8.2.3.1　城市初始交通禀赋差异的验证

为探究城市初始交通禀赋对高铁虹吸效应机制的可能影响，本书把1999 年各城市的市场准入作为初始交通禀赋，以初始交通禀赋均值为界值，将研究城市分为低初始交通禀赋和高初始交通禀赋两组进行回归。表 8.6 中的模型 1 和模型 2，为高铁引致的市场准入变化对高初始交通禀赋和低初始交通禀赋城市中企业生产率的影响。结果发现，在低初始交通禀赋城市组，高铁带来的市场准入提高均负向影响了企业生产率，与我们前期结果相一致。但是，对高初始交通禀赋城市组，高铁带来的市场准入提高显著正向影响企业生产率，这与我们的推测相符，即高铁开通后会对初始交通禀赋越低的城市[①]的企业生产率产生更加显著的负向影响。

表 8.6　　城市初始交通禀赋

变量	劳动生产率	
	(1) 初始交通禀赋低	(2) 初始交通禀赋高
高铁引致的市场准入	-0.0909 *** (-29.03)	0.0104 ** (2.35)
规模	0.203 *** (83.28)	0.234 *** (99.23)
年龄	-0.000202 * (-1.76)	-0.00264 *** (-8.24)
负债率	-0.0154 *** (-2.90)	-0.000433 (-0.43)

① 跟基准回归时相同，为尽可能减小自选择问题，研究对象还是所有的外围城市。

续表

变量	劳动生产率	
	(1) 初始交通禀赋低	(2) 初始交通禀赋高
出口	-0.0169 *** (-2.87)	-0.0269 *** (-4.31)
地区生产总值	0.354 *** (40.69)	0.0906 *** (7.70)
人口	-0.0802 *** (-3.44)	-1.043 *** (-27.53)
时间固定效应	是	是
城市固定效应	是	是
企业固定效应	是	是
观测数	1093253	1085267
R^2	0.300	0.277

注：括号里面是 T 值。* $p<0.1$，** $p<0.05$，*** $p<0.01$。
资料来源：笔者计算整理。

8.2.3.2 行业异质性的验证

为了从行业异质性验证虹吸效应，本书在 3 位行业代码层面，按要素密集类型将行业分为资本或技术密集型和劳动密集型。表 8.7 中模型 1 和模型 2 是高铁引致市场准入变化对不同行业企业生产率的回归结果。实证结果表明，相较于劳动密集型行业，高铁引致市场准入变化对资本或技术密集型行业的企业生产率的负向作用更大，与推测相符。即高铁带来的市场准入造成了行业间资源在空间上的重新配置，与加尼等（2014）关于印度高速公路改善行业间资源配置效率的研究结论相一致。

表8.7　　行业异质性

变量	劳动生产率	
	(1) 资本或技术密集型行业	(2) 劳动密集型行业
高铁引致的市场准入	-0.0712*** (-7.52)	-0.0580*** (-23.20)
规模	0.243*** (32.88)	0.218*** (124.32)
年龄	-0.00170*** (-2.60)	-0.000333* (-1.75)
负债率	0.0155** (1.99)	-0.00275 (-1.24)
出口	-0.0483*** (-2.62)	-0.0158*** (-3.66)
地区生产总值	0.131*** (5.88)	0.200*** (27.75)
人口	-0.798*** (-7.94)	-0.452*** (-21.91)
时间固定效应	是	是
城市固定效应	是	是
企业固定效应	是	是
观测数	123579	2054941
R^2	0.218	0.290

注：括号里面是T值。* p<0.1，** p<0.05，*** p<0.01。
资料来源：笔者计算整理。

8.2.3.3　高铁站与城市中心相对距离的验证

高铁站选址设站是一项综合的规划，除了考虑城市内部的交通便利，还需要顾及城市规模、形态、发展方向和城市群之间的联系等。在高铁实际建设中，高铁站到底是建在城市中心还是城乡接合部，成本差异巨大。由于高铁站是中央政府和地方政府双方出资建设，中央政府出资为主由中央选址，地方政府出资为主则地方自行选址，所以高铁站建设的博弈尤为复杂。据赵倩和陈国伟（2015）对京沪线、武广线上38个高铁站的统计，中国高铁站距离城市中心的平均距离为14.12公里。修建在市中心的高铁站一般是由旧站改造而来，设在城市边缘的站点一般是为了塑造城市新的增长极。本书利用所有高铁站点的经纬度和城市中心（市政府所在点）的经纬度，利用Arc－GIS计算得到了每一城市到它最近的高铁站的距离①，进一步探究了高铁站与城市中心的相对距离对高铁带来的经济效应的影响。

结合以往研究，本书将高铁站到城市中心道路距离分为0～10公里，10～30公里和30～50公里三组②进行回归。表8.8呈现的是回归结果，发现高铁站离城市中心越近，对于企业生产率的负向作用越大。更有趣的是，在高铁站离城市中心道路距离大于30公里以后，高铁的负向作用消失了。据此，我们得出高铁引致的市场准入提高产生的虹吸效应作用范围约为高铁与城市中心30公里的道路距离。

表8.8　　高铁站与城市中心的相对距离的回归结果

变量	劳动生产率		
	(1) 0～10公里	(2) 10～30公里	(3) 30～50公里
高铁引致的市场准入	－0.193*** (－18.52)	－0.125*** (－23.11)	0.276*** (18.41)
规模	0.225*** (81.29)	0.207*** (61.31)	0.216*** (34.86)

① 此时不再区分某一城市是否有高铁，而是找出每一个距离城市中心最近的那个高铁站以及距离。本书中分别收集了直线距离和道路行驶距离，前文中，城市与城市之间道路距离按照已有文献中（Zheng & Kahn，2013）的处理方法，采用了1.2倍于直线距离的做法。但是，高铁站与城市中心的道路行驶距离多为城市内交通，继续用倍数的方法，经验误差较大。因此，这里本书的处理是：直线距离仍旧由GIS计算得到，而“道路行驶距离”是在GIS找出距离最近的站点后，将那个站点导入百度地图开放平台，检索得到某一城市到那个站点的导航道路距离。

② 参考了伯纳德（2015）的做法。

续表

变量	劳动生产率		
	(1) 0~10公里	(2) 10~30公里	(3) 30~50公里
年龄	-0.00167*** (-3.35)	-0.00266*** (-4.89)	-0.00206** (-2.39)
负债率	-0.0104* (-1.89)	0.00149 (0.31)	0.000778 (1.20)
出口	-0.0132* (-1.75)	-0.0131*** (-3.92)	-0.0567*** (-3.58)
地区生产总值	0.424*** (22.46)	0.0148* (1.89)	0.0865*** (2.64)
人口	-0.319*** (-6.07)	-0.943*** (-13.46)	-1.635*** (-10.44)
时间固定效应	是	是	是
城市固定效应	是	是	是
企业固定效应	是	是	是
观测数	865820	504254	135269
R^2	0.298	0.252	0.238

注：括号里面是T值。* $p<0.1$，** $p<0.05$，*** $p<0.01$。
资料来源：笔者计算整理。

8.3 本章小结

高铁网络带来了地区间人员出行的便利性，斯密定理阐述“市场范围限制劳动分工”，而市场容量取决于运输条件，那么交通运输条件的改善可望带来分工程度的提升，即生产率的提高。贸易整合“中心—外围”效应的共同基础是，城市间贸易成本的降低既减弱了集聚力（例如使其便于接近消费者、使大市场与生产投入建立联系）也减弱了分散力（例如产品市场竞争减少、小市场要素价格降低），但两者共同作用下，如果集聚力减少的程度比分散力减少的要更大，则呈现集聚的现象。对外围城市而言，交通基础设施带来的区位改变，会使其相较于中心城市工业生产的比较劣势更加显著。因而，如果当区域间交通成本降低时，外围城市的生产要素进一步向大城市集聚，将会导致位于外围城市企业的生产率下降；反之如果要素流动性增强带来的生产率提升效应相对更加显著，则会使这些城市的生产率得以提高。基于理论梳理，本书得到探究的研究假说：国内高铁网络的建成和不断完善，引致要素流动性提高，可能会增强也可能会减弱交通基础设施对区域经济的影响，作用方向究竟如何取决于要素流出强度与生产率提升强度的相对大小。

通过引入唐纳森和霍恩贝克（2016）提出的“市场准入”（market access）方法，来测算得到一国之内高铁网络的面板数据。计算市场准入的核心为城市间交通成本矩阵，既包含对时间价值维度的考察，也包含所需金钱花费维度的考察，并且随逐年新建的交通基础设施建设而变化。测算生产率，本书中所采用的是中国规模以上工业企业数据，使用 ACF 方法估计增加值生产函数，并使用中间品作为代理变量，最大限度保留了观测值。实证回归的结果显示，无论是 TFP 为指标的生产率还是以劳动生产率为指标的生产率，高铁网络发展显著地负向影响外围城市的企业生产率，在外围城市内要素的流出强度大于因中心城市的技术溢出而带来的生产率提升强度。生产率机制的作用方向与前文中探究得到的实证证明相一致。为了进一步验证基准回归结论的稳健性，我们分别采用了调整市场准入计算参数和以中心城市为样本对象分析的方式进行稳健性检验。取 $\theta=4$ 和 $\theta=8.28$ 时“市场准入”的计算结果支撑了基准回归结论的稳健性。高铁网络的发展对中心城市企业生产率带来了显著的促进提高，可见经济更多地向中心城市发生了集聚，因而对外围城市区域经济发展产生负向影响，这是经济活动在空间上的再分配导致的。研究结论具有以下政策启示意义：

第一，控制高铁修建的速度与节奏，减少地区间发展不平衡。党的十九大报告中指出，中国现阶段的主要社会矛盾已经转化为人民日益增长的美好生活需要和不平衡不充分的发展之间的矛盾。本书中，我们发现的高铁负向影响了外围城市的企业生产率。因此，在交通规划中，需要控制外围城市，尤其是那些初始交通禀赋较差城市的高铁修建速度和节奏，以减少开通高铁带来的虹吸效应、避免加剧地区间发展不平衡。

第二，优化高铁站修建的选址，改善高铁的经济福利。本书中我们发现，高铁的虹吸效应与高铁站相对城市中心的距离相关，其有效范围为高铁站距离城市中心的 30 公里道路距离。基于此，将高铁站更多地修建于城乡接合部，既是节省建造成本的举措，又能缓解高铁开通对外围城市的虹吸效应。通过优化高铁站的选址进而改善高铁的经济福利，促进地区间的平衡发展。

第三，调整地区基础设施建设和产业结构，增加高铁的区域福利。本书发现，外围城市初始交通禀赋越差、资本/技术密集度越高，高铁对企业生产率的负向影响越大。因此，对于修建或者计划修建高铁的外围城市而言，加速与高铁配套的设施建设、提升当地综合交通条件；加速地区特色产业的培育和发展、发挥地区禀赋优势，是提高地区福利的重要举措。

第9章　结　　语

交通运输业是国民经济的基础性产业，是经济和社会各项事业发展的重要支撑和保障。交通运输的发展极大地促进了生产力水平的提高，扩大了要素流动的空间范围，进而改变生产力和生产要素的空间集聚程度和格局，因而交通运输与区域经济发展之间的关系一直是经济学、地理学领域的重要内容。交通基础设施建设是区域经济发展的重要前提之一，它的重要性往往通过集聚产出和全要素生产率的差异反映于地区生产函数中，进而对区域经济发展产生影响。"要想富，先修路"早已成为广大民众和社会各界较为认可和接受的共识。2012～2016年世界银行的借贷中约有12%都是用于与交通相关的项目（World Bank，2016）。特别是在中国，2016年基础设施投资高达11.89万亿人民币（约为日本当年GDP的41%）。具体而言，交通基础设施的发展对区域经济的影响渠道包括：其一减少人员空间流动的成本，如通勤时间的缩短，有效地促进信息的交流和知识的溢出，并由此促使经济要素生产效率的改进和提升。其二地区交通基础设施条件的改善会便利资源的流入，对地区而言降低了生产要素的投入成本以及交易成本，资源消耗的减少不仅有利于环境的改善，也会使生产的经济效益显著提升，促进地区产业结构的调整优化等。

自1964年日本新干线正式开通运营以来，高铁进一步丰富了人们出行的选择，促进了地区经济发展和社会进步，产生了巨大的社会经济效益。高铁的商业化运营也成为世界各国瞩目的焦点。整体而言，世界高铁的发展经历了四次大的建设浪潮。与发达国家相比，中国高铁的建设起步较晚，处在世界高铁发展历程中的第四次浪潮，但是发展迅猛。截至2016年底，按国际标准和中国新标准统计，中国高铁通车里程高达2.3万公里，[①] 覆盖了全国76.5%的城市，[②] 总里程超过了世界高铁的60%，[③] 使中国成为世界头号高铁强国。高铁的开通运营能够很好地满足区域要素流动的需求，有利于带动各地区经济增长，缩短区域间差距。中国高铁的飞速发展，极大地完善了国内交通网络，为经济发展打开了新局面。2015年10月，党的十八届五中全会明确提出，要推动区域协调发展，塑造要素有序自由流动、主体功能约束有效、基本公共服务均等、资源环境可承载的区域协调发展新格局。调整区域经济发展的失衡，重塑经济空间地理格局已经成为我国现阶段经济发展所面临的难题之一。2017年10月18日，习近平同志在党的十九大报告中强调，中国特色社会主义进入新时代，我国社会的主要矛盾是人民日益增长的美好生活需要和不平衡不充分的发展之间的矛盾。“区域协调发展”这一历史性课题亟待得到解答。

高铁不仅仅是一个交通概念，由此带来的高铁经济效应，更是一个动态的系统范畴。对于高铁经济效应，学术界较多的是理论上的阐释，诸如同城效应，主要表现为高铁带来的可达性提高和生产要素流动的加速。辐射效应和产业转移与承接效应，主要表现为区域分工的强化、产业集聚的加强、产业结构的变化和城市形象的提升。高铁经济效应还表现为核心城市的集聚效应和对边缘城市的虹吸效应，高铁连接区域的过道效应和对民航、公路、水路等出行方式的冲击效应等。高铁的开通运营能够很好地满足区域要素流动的需求，有利于带动各地区经济增长，缩短区域间差距。在定性认识上，高铁一般被认为具有扩大市场规模、便于技术创新的传播、提高地区的外向度促进其经济发展、改变便利性节省出行时间等影响。而定量分析能使决策者更加清楚地认识到高铁潜在的经济影响和社会

① 稳居世界第一！2019年中国高铁总里程突破3.5万公里［EB/OL］. 北晚新视觉网，2019－12－30. 2019年中国高铁总里程突破3.5万公里［EB/OL］. 光明读图，2020－1－20.

② 笔者整理历年《铁道年鉴》及公开资料发现，2019年底全国有225个城市已经开通了高铁，占城市总数的76.5%。

③ 世界各国高铁里程排名2018：中国第一，占全球60%［EB/OL］. 搜狐网，2019－1－12.

影响，而不至于由于缺乏信息而影响决策。

基于理论和实践发展背景梳理，本书旨在探究和揭示高铁这一新型交通基础设施对中国区域经济协调发展的影响效力及作用机制，试图通过探讨高铁对中国区域经济协调发展影响的一般规律和作用机理，为区域经济的协调发展提供政策建设启示。通过理论与实证、定性与定量等多种方式、多个维度的分析，本书较为全面和深刻地刻画了高铁发展对中国区域协调发展的影响。区域经济协调是系统性的概念，笼统地构建指标体系测算协调度，不仅在指标体系的可信度证明上困难重重，而且还很容易遗漏重要性信息，使得结论对现实的政策启示意义十分有限。因此，本书拟分别就高铁网络对区域经济发展和空间经济等具体的几个方面展开探究，以期得到更有针对性的、机制更清晰的结论与启示。实证探究的主要结论总结如下：

第一，高铁网络在地区外贸发展上具有虹吸效应，负向影响外围城市。本书结合 1999 ~ 2013 年中国城市数据和高铁数据进行了基准回归，基于中心—外围理论细分城市类型为中心城市和外围城市。回归结果显示了高铁对贸易影响的城市异质性，具体表现为对外围城市显著为负而中心城市为正。几种稳健性检验显示结果都很稳健。为解决模型因遗漏变量或测量误差导致的潜在的内生性问题，本书使用了 PSM + DID 和工具变量法两种方法来试图降低内生性，两种方法处理了内生性问题后回归结果依然未改变原结论。高铁网络影响地区贸易在空间上来看具有虹吸效应，即高铁网络形成后，中心城市对外围城市的生产要素和经济活动产生了虹吸，致使外围城市的产出下降而贸易减少。高铁建成后，降低了旅客的出行成本，减小了区际交流的阻碍，各类资本投资流向中心城市，致使中心城市贸易增加而外围城市贸易减少。

第二，在样本窗口内高铁网络对城乡收入差距的影响表现为加强。收入差距问题，尤其是城乡收入差距问题也是区域协调发展中的重要考察内容之一。中国幅员辽阔，中部和东部地区人口密度尤其大，使得交通基础设施成为打破市场分割和促进要素充分流动的关键所在。以往诸多研究从不同角度探讨了交通基础设施对城乡收入差距的影响。通过匹配 1999 ~ 2013 年中国地级市城市数据、中国高铁数据和地理矢量数据，对中国高铁对城乡收入差距的影响进行探究。结果显示：高铁网络扩大了城乡收入差距，其边际影响为 7.99%。该效应在增加控制变量、更换高铁指标和利用不同时间段的样本等稳健性检验中，都未发生实质性改变。按不同地区、不同城市的分样本回归揭示了高铁对城乡收入差距的正向影响在东部地区和三大经济圈地区尤为显著；借鉴法伯尔（2014）的思路，基于地理信息为高铁构建了“最小生成树”的工具变量，处理高铁建设过程中的内生性问题，回归结果依然支持原结论。

第三，高铁网络的福利效应因不同群体对通高铁的敏感度不同而不同。研究发现 2007 ~2013 年间高铁的开通给城镇和农村居民带来了福利的增加，影响效应分别为 25.8% 和 12.9%。随着连入高铁网络总福利效应的增加，它也带来了不平等程度的加剧。居民年龄水平与高铁网络对收入的影响是显著的负相关，不管是城镇居民还是农村居民，从事服务行业的那些人员相较于没有从事服务行业的，从通高铁中的受益更多。借鉴法伯尔（2014）所采用的机理和方式，用最小生成树作为高铁网络的工具变量，结果进一步支撑了原结论。从行业异质件、产业结构调整和教育水平影响进行了异质性探究，高铁的福利效应以及城乡居民之间不均衡增加效应，是源自高铁引致的产业调整。高铁网络的正向影响对研究教育群体最显著，而在农村样本中高铁网络的正向影响对小学教育和初中教育的群体较为显著。因此，教育水平的差距的减小预计将有利于缩小高铁网络在城乡之间的差异化福利效应。

第四，生产率机制是高铁网络影响区域经济发展的作用机制之一。高铁网络带来了地区间人员出行的便利性，斯密定理阐述“市场范围限制劳动分工”，而市场容量取决于运输条件，那么交通运输条件的改善可望带来分工程度的提升，即生产率的提高。无论是 TFP 为指标的生产率还是以劳动生产率为指标的生产率，高铁网络发展显著地负向影响外围城市的企业生产率，在外围城市内要素的流出强度大于因中心城市的技术溢出而带来的生产率提升强度。分别采用了调整市场准入计算参数和以中心城市为样本对象分析的方式进行稳健性检验，结果进一步支撑了原结论。高铁网络的发展对中心城市企业生产率带来了显著的促进和提高的影响，经济更多地向中心城市发生了集聚。

在本书理论和经验研究结论的基础上，我们不难得到如下政策启示：

第一，利用国内交通网络日益完善的契机促进其成为出口贸易的发展保障。促使本书产生的两个重要发展现实为，其一是进入新常态后随着人口红利的进一步减少关于中国出口贸易持续发展动力寻找的思考；其二是国内日益成熟的现代道路交通网络打破长期存在的市场分割现象的效应不断凸显。循着唐纳森等学者们对一国之内市场间（地区间）贸易成本的经济效应的研究视角，本书考察和识别了中国交通网络的城市出口效应，并验证了生产率机制的存在。本书的研究表明：交通网络显著地促进了要素的空间流动，因而提高了省会城市和直辖市等中心城市的生产率和资源配置效率，但该机制对外围城市的生产率乃至出口产生了显著的负向效应。对此结果，应该一分为二地理解，首先这一结果验证了交通网络发展带来的市场分割状态改善能对出口产生显著影响的推论，其次这一结果表明交通网络影响出口贸易的效应尚未被完全激发和最优配置。因此，为了促进交通网络对出口贸易产生更强的助推作用，在认知视角要引起关于这二者发展间紧密联系的重视，增强对交通网络促进出口功能上的规划与评估。

第二，增强对交通网络建设节奏与速度的把握，提高全局福利效应。本书研究结果显示，交通网络在对出口和生产率上的影响在中心城市与外围城市之间存在明显的差异，呈现出了较为显著地促进经济从外围城市向中心城市集聚的作用。相较于中心城市，那些位于中心城市之间的外围城市是否有高铁通过相对更为随机，换言之，一旦有高铁通过对其发展的冲击也就更为强烈。从本书研究结论来看，外围城市从连入交通网络中受到的虹吸效应强于扩散效应。尽管交通网络发展促进的要素空间流动提升了总体的资源配置效应，但是这一提升源自地区间的有效率企业向中心城市的迁移，而非地区内行业间的改善。这就意味着，发展基础较差的外围城市面对交通运输条件改善，短期内首先呈现出来的是资源的外流。基于此，在进一步推进综合交通网络建设的同时，需要加强对建设节奏的把握，不可忽视的不仅有中心城市与外围城市之间的差异性，而且还有中国东中西部地区由于历史和地理等原因导致差距与差异，交通基础设施的规划与建设需要因地制宜、因时制宜。

第三，继续鼓励和引导地区间的差异化发展。“培育地方特色产业”“鼓励地区间的差异化发展”是早已有的规划方向和产业政策，用以保障各地区的发展优势。结合本书的研究结论，交通网络发展的经济效应在空间上呈现了显著的虹吸效应，这一政策在未来仍然具有重要意义。兼顾效率与公平，是发展经济学永恒的主题，2017 年党的十九大报告中指出我国社会主要矛盾已经转为人民日益增长的美好生活需要和不平衡不充分的发展之间的矛盾。交通基础设施自改革开放以来的发展，国内城市间的时空距离得到了极大压缩，自 2008 年出现在中国交通网络内的高铁更是为促进人员在城市间的流动提供了前所未有便利。改革开放之初，依靠人口红利先得到发展的加工贸易为经济发展做出了无可替代的贡献，但是随着国内劳动力成本的不断上涨，继续依靠加工制造业出口的发展拉动出口贸易已然难以为继。相较之下，强调个性和特色的服务业既是符合产业发展规律的必然选择，也是在新形势下满足提高人民福利水平要求的方向所在，而交通网络的发展无疑为各地区的服务业发展提供了契机。因此，为了提升交通网络的经济效应同时减弱其产生的虹吸效应，对外围城市的政策制定者而言需要培育和发展自身特色产业，一方面要求政策制定者在产业结构调整时进一步挖掘地方特色，另一方面要求结合地区既有的交通基础设施禀赋与上一级规划者的沟通和协调以提高建设的科学性。

参考文献

[1] 阿齐兹·拉曼·卡恩. 改革和发展中的中国贫困问题分析 [M]. 赵人伟等（主编），《中国居民收入分配再研究》，中国财经经济出版社，1999.

[2] 白重恩，杜颖娟，陶志刚，等. 地方保护主义及产业地区集中度的决定因素和变动趋势 [J]. 经济研究，2004 (4)：29-40.

[3] 白重恩. 中国基础建设投资对其他国家有诸多启示 [N]. 中国财经报，2016 (7).

[4] 卞元超，吴利华，白俊红. 高铁开通、要素流动与区域经济差距 [J]. 财贸经济，2018，39 (8)：147-160.

[5] 蔡昉，王美艳. 为什么劳动力流动没有缩小城乡收入差距 [J]. 经济学动态，2009 (8)：4-10.

[6] 蔡昉，杨涛. 城乡收入差距的政治经济学 [J]. 中国社会科学，2000 (4)：11-22，204.

[7] 陈斌开，金箫，欧阳涤非. 住房价格、资源错配与中国工业企业生产率 [J]. 世界经济，2015 (4)：77-98.

[8] 陈斌开，林毅夫. 发展战略、城市化与中国城乡收入差距 [J]. 中国社会科学，2013 (4)：81-102，206.

[9] 陈斌. 中国高等教育发展水平省际差异透视——基于高等教育发展指数的证据 [J]. 复旦教育论坛，2016，14 (4)：76-82.

[10] 陈得文，苗建军. 空间集聚与区域经济增长内生性研究——基于1995~2008年中国省域面板数据分析 [J]. 数量经济技术经济研究，2010 (9)：82-93.

[11] 陈东琪，银温泉．打破地方市场分割［M］．北京：中国技术出版社，2002.

[12] 陈丰龙，徐康宁．本土市场规模与中国制造业全要素生产率［J］．中国工业经济，2012（5）：44－56.

[13] 陈敏，桂琦寒，陆铭，等．中国经济增长如何持续发挥规模效应？——经济开放与国内商品市场分割的实证研究［J］．经济学季刊，2007，7（1）：125－150.

[14] 陈胜蓝，李璟，尹莹．区域协调发展政策的公司治理作用——城市经济协调会的准自然实验证据［J］．财经研究，2019，45（6）：101－114，140.

[15] 陈曦，席强敏，李国平．城镇化水平与制造业空间分布——基于中国省级面板数据的实证研究［J］．地理科学，2015，35（3）：259－267.

[16] 陈彦斌，马啸，刘哲希．要素价格扭曲、企业投资与产出水平［J］．世界经济，2015（9）：29－55.

[17] 陈艳莹，吴龙．新企业进入对制造业在位企业利润率的影响——基于逃离竞争效应及其异质性的视角［J］．中国工业经济，2015（8）：50－65.

[18] 陈永伟．资源错配：问题、成因和对策［D］．北京：北京大学，2013.

[19] 程开明，李金昌．城市偏向、城市化与城乡收入差距的作用机制及动态分析［J］．数量经济技术经济研究，2007（7）：116－125.

[20] 储昭昉，王强．航空物流与国际贸易的关系：基于中国的实证研究［J］．国际贸易问题，2010，329（5）：19－24.

[21] 戴魁早，刘友金．要素市场扭曲、区域差异与 R&D 投入——来自中国高技术产业与门槛模型的经验证据［J］．数量经济技术经济研究，2015（9）：3－20.

[22] 戴魁早，刘友金．要素市场扭曲与创新效率——对中国高技术产业发展的经验分析［J］．经济研究，2016（7）：72－86.

[23] 戴觅，茅锐．外需冲击、企业出口与内销：金融危机时期的经验证

据［J］. 世界经济，2015（1）：81－104.

［24］戴学珍，徐敏，李杰. 京沪高速铁路对沿线城市效率和空间公平的影响［J］. 经济地理，2016，36（3）：72－77，108.

［25］戴艳娟，泉弘志. 基于全劳动生产率的中国各产业生产率的测算［J］. 财经研究，2014（12）：89－101.

［26］樊纲，王小鲁. 中国市场化指数［M］. 北京：经济科学出版社，2001.

［27］范剑勇，冯猛，李方文. 产业集聚与企业全要素生产率［J］. 世界经济，2014（5）：51－73.

［28］范欣，宋冬林，赵新宇. 基础设施建设打破了国内市场分割吗?［J］. 经济研究，2017（2）：20－44.

［29］付强，乔岳. 政府竞争如何促进了中国经济快速增长：市场分割与经济增长关系再探讨［J］. 世界经济，2011，34（7）：43－63.

［30］傅晓霞，吴利学. 技术效率、资本深化与地区差异——基于随机前沿模型的中国地区收敛分析［J］. 经济研究，2006（10）：52－61.

［31］高凌云，屈小博，贾鹏. 中国工业企业规模与生产率的异质性［J］. 世界经济，2014，37（6）：113－137.

［32］高翔，龙小宁，杨广亮. 交通基础设施与服务业发展——来自县级高速公路和第二次经济普查企业数据的证据［J］. 管理世界，2015（8）：81－96.

［33］耿伟，廖显春. 要素价格负向扭曲与中国企业进口中间品多样化［J］. 国际贸易问题，2016（4）：15－26.

［34］龚关，胡关亮. 中国制造业资源配置效率与全要素生产率［J］. 经济研究，2013（4）：4－15.

［35］龚静，尹忠明. 铁路建设对我国"一带一路"战略的贸易效应研究——基于运输时间和运输距离视角的异质性随机前沿模型分析［J］. 国际贸易问题，2016（2）：14－25.

［36］龚向明. 经济规模、贸易成本与出口增长路径研究［D］. 复旦大

学，2012.

[37] 桂琦寒，陈敏，陆铭，等．中国国内商品市场趋于分割还是整合：基于相对价格法的分析 [J]．世界经济，2006 (2)：20－30.

[38] 郭庆旺，贾俊雪．中国全要素生产率的估算：1979—2004 [J]．经济研究，2005 (6)：51－60.

[39] 韩旭．高铁对中国城市可达性及区域经济空间格局的影响 [D]．湖南大学，2016.

[40] 贺灿飞，马妍．市场分割与中国城市出口差异 [J]．地理科学进展，2014，33 (4)：447－456.

[41] 洪联英，罗能生．文化、交易费用与贸易效率的影响分析 [J]．江苏社会科学，2007 (5)：64－68.

[42] 洪世勤，刘厚俊．出口技术结构变迁与内生经济增长：基于行业数据的研究 [J]．世界经济，2013 (6)：79－107.

[43] 胡玉坤．交通基础设施对旅游业劳动生产率的影响研究——基于空间溢出效应的视角 [D]．东北财经大学，2016.

[44] 黄健柏，徐震，徐珊．土地价格扭曲、企业属性与过度投资——基于中国工业企业数据和城市地价数据的实证研究 [J]．中国工业经济，2015 (3)：57－69.

[45] 黄玖立，徐旻鸿．境内运输成本与中国的地区出口模式 [J]．世界经济，2012 (1)：58－77.

[46] 黄新飞，陈珊珊，李腾．价格差异、市场分割与边界效应——基于长三角 15 个城市的实证研究 [J]．经济研究，2014 (12)：18－32.

[47] 蒋海兵，徐建刚，祁毅．京沪高铁对区域中心城市陆路可达性影响 [J]．地理学报，2010，65 (10).

[48] 李兵，岳云嵩，陈婷．出口与企业自主技术创新：来自企业专利数据的经验研究 [J]．世界经济，2016 (12)：72－94.

[49] 李红昌，Tjia L，胡顺香．中国高速铁路对沿线城市经济集聚与均等化的影响 [J]．数量经济技术经济研究，2016 (11)：127－143.

[50] 李静，彭飞．出口企业存在工资红利吗？——基于1998~2007年中国工业企业微观数据的经验研究［J］．数量经济技术经济研究，2012(12)：20-37.

[51] 李鲁，王磊，邓芳芳．要素市场扭曲与企业间生产率差异：理论及实证［J］．财经研究，2016，42（9）：110-120.

[52] 李善同，侯永志，刘云中，等．中国国内地方保护问题的调查与分析［J］．经济研究，2004（11）：78-84，95.

[53] 李实．城乡差距是收入分配的最大不公［J］．农村工作通讯，2012(20).

[54] 李文启．基础设施建设与企业技术效率的实证分析［J］．宏观经济研究，2011（3）：49-56.

[55] 林毅夫，蔡昉，李周．中国经济转型时期的地区差距分析［J］．经济研究，1998（6）：1-8.

[56] 林毅夫．再论制度、技术与中国农业发展［M］．北京：北京大学出版社，2000.

[57] 刘秉镰，刘玉海．交通基础设施建设与中国制造业企业库存成本降低［J］．中国工业经济，2011（5）：69-79.

[58] 刘冲，乔坤元，周黎安．行政分权与财政分权的不同效应：来自中国县域的经验证据［J］．世界经济，2014，37（10）：123-144.

[59] 刘冲，周黎安，徐立新．高速公路可达性对城乡居民收入差距的影响：来自中国县级水平的证据［J］．经济研究，2013（1）.

[60] 刘修岩，李松林，陈子扬．多中心空间发展模式与地区收入差距［J］．中国工业经济，2017（10）：25-43.

[61] 龙小宁，高翔．交通基础设施与制造业企业生产率——来自县级高速公路和中国工业企业数据库的证据［J］．华中师范大学学报人文社会科学版，2014，53（5）：43-52.

[62] 龙玉，赵海龙，张新德．时空压缩下的风险投资——高铁通车与风险投资区域变化［J］．经济研究，2017（4）：195-208.

[63] 楼东伟．资源错配与产业结构失衡的经济影响效应研究：基于中国经济转型的背景 [D]．杭州：浙江大学，2013.

[64] 陆铭，陈钊．城市化、城市倾向的经济政策与城乡收入差距 [J]．经济研究，2004 (6)：50－58.

[65] 陆铭，陈钊．中国区域经济发展中的市场整合与工业集聚 [M]．上海：上海人民出版社，2006.

[66] 逯建，张龙，杨昊擎．中国对外贸易空运比例的特征及影响因素 [J]．南开经济研究，2018 (3)：171－188.

[67] 吕越，盛斌，吕云龙．中国的市场分割会导致企业出口国内附加值率下降吗 [J]．中国工业经济，2018 (5)：5－23.

[68] 罗富政，罗能生．地方政府行为与区域经济协调发展——非正式制度歧视的新视角 [J]．经济学动态，2016 (2)：41－49.

[69] 罗富政，罗能生，李佳佳．省级政府公共品供给与地区经济联系——基于外部性理论的经验分析 [J]．经济体制改革，2015 (2)：52－57.

[70] 罗来军，蒋承，王亚章．融资歧视、市场扭曲与利润迷失——兼议虚拟经济对实体经济的影响 [J]．经济烟具，2016 (4)：74－88.

[71] 罗德明，李晔，史晋川．要素市场扭曲、资源错置与生产率 [J]．经济研究，2012 (3)：4－14.

[72] 罗能生，彭郁．交通基础设施建设有助于改善城乡收入公平吗？——基于省级空间面板数据的实证检验 [J]．产业经济研究，2016 (4)：100－110.

[73] 马汴京．头程运费、国际贸易与经济增长——来自中国120个城市的经验证据 [J]．经济学·季刊，2011，10 (4)：1311－1328.

[74] 马文军，卜伟，易倩．产业安全研究——理论、方法与实证 [M]．北京：中国社会科学出版社，2018.

[75] 毛鹏飞．高速公路建设对企业全要素生产率的影响：基于浙江的实证研究 [D]．浙江大学，2016.

[76] 聂辉华，贾瑞雪．中国制造业企业生产率与资源误置 [J]．世界经

济，2011（7）：27－42.

［77］欧阳志刚．中国城乡经济一体化的推进是否阻滞了城乡收入差距的扩大［J］．世界经济，2014（2）：116－135.

［78］彭支伟，白雪飞．服务联系成本、基础设施建设和东亚垂直分工：1992～2006［J］．世界经济研究，2010（6）：75－80.

［79］平新乔．政府保护的动机与效果——一个实证分析［J］．财贸经济，2004（5）：3－10.

［80］苏启林，赵永亮，杨子晖．市场冲击、要素扭曲配置与生产率损失——基于出口企业订单波动的经验研究［J］．经济研究，2016（8）：101－115，158.

［81］邱斌，刘修岩，赵伟．出口学习抑或自选择：基于中国制造业微观企业的倍差匹配检验［J］．世界经济，2012（4）：23－40.

［82］曲玥．中国工业企业的生产率差异和配置效率损失［J］．世界经济，2016（12）：121－144.

［83］任晓红，张宗益．交通基础设施、要素流动与城乡收入差距［J］．管理评论，2013，25（2）：51－59.

［84］桑瑞聪，韩超，李秀珍．出口市场竞争如何影响企业生产率——基于产品配置视角的分析［J］．产业经济研究，2018（5）：41－53.

［85］尚晓晔．要素市场价格扭曲对中国经济的影响——理论与实证［D］．武汉大学，2016.

［86］邵宜航，步晓宁，张天华．资源配置扭曲与中国工业全要素生产率——基于工业企业数据库再测算［J］．中国工业经济，2013（12）：39－51.

［87］申亮，董千里，李毅斌，等．交通基础设施门槛、对外开放与制造业生产率效率［J］．经济与管理，2015（1）：60－65.

［88］史朝兴，顾海英．加入WTO对中国双边贸易增长贡献的实证研究——兼论影响中国双边贸易增长的因素［J］．财贸研究，2006（3）：49－52.

[89] 宋结焱，施炳展．出口贸易是否降低了中国行业内资源错配？[J]．世界经济研究，2014（10）：53－60.

[90] 宋马林，金培振．地方保护、资源错配与环境福利绩效［J]．经济研究，2016（12）：47－61.

[91] 孙久文，李恒森．我国区域经济演进轨迹及其总体趋势［J]．改革，2017（7）：18－29.

[92] 孙久文．论新时代区域协调发展战略的发展与创新［J]．国家行政学院学报，2018（4）：109－114，151.

[93] 孙宁华，堵溢，洪永淼．劳动力市场扭曲、效率差异与城乡收入差距［J]．管理世界，2009（9）.

[94] 覃家琦，邵新建．交叉上市、政府干预与资本配置效率［J]．经济研究，2015（6）：117－130.

[95] 唐宜红，俞峰，林发勤，张梦婷．中国高铁、贸易成本与企业出口研究［J]．经济研究，2019（7）：158－173.

[96] 陶娟．我国省域城乡教育差距与绩效测度［D]．湖南大学，2010.

[97] 童光荣，李先玲．交通基础设施对城乡收入差距影响研究——基于空间溢出效应视角［J]．数量经济研究，2014（1）.

[98] 王永进，黄青．交通基础设施质量、时间敏感度和出口绩效［J]．财经研究，2017（10）：99－110.

[99] 王永进，盛丹．经济波动、劳动力市场摩擦与产业结构［J]．世界经济，2013（4）：22－46.

[100] 吴晓刚，张卓妮．户口、职业隔离与中国城镇的收入不平等［J]．中国社会科学，2014（6）：118－140，208－209.

[101] 武英涛，刘艳苹．习近平新时代区域经济协调发展思想研究［J]．上海经济研究，2019（6）：29－37.

[102] 谢里，李白，张文波．交通基础设施投资与居民收入——来自中国农村的经验证据［J]．湖南大学学报（社会科学版），2012（1）：82－86.

[103] 杨汝岱．中国制造业企业全要素生产率研究［J]．经济研究，

2015 (2): 61 – 74.

[104] 臧跃茹. 关于打破地方市场分割问题的研究 [J]. 改革, 2000 (6): 5 – 15.

[105] 张宝友. 现代物流业对进出口贸易的影响——基于我国 1995 ~ 2004 年数据的实证研究 [J]. 国际贸易问题, 2009, 313 (1): 39 – 46.

[106] 张昊. 国内市场如何承接制造业出口调整——产需匹配及国内贸易的意义 [J]. 中国工业经济, 2014 (8): 70 – 83.

[107] 张建华, 邹凤明. 资源错配对经济增长的影响及其机制研究进展 [J]. 经济学动态, 2015 (1): 122 – 136.

[108] 张健华, 王鹏. 中国全要素生产率: 基于分省份资本折旧率的再估计 [J]. 管理世界, 2012 (10): 18 – 30.

[109] 张杰, 张培丽, 黄泰岩. 市场分割推动了中国企业出口吗? [J]. 经济研究, 2010 (8): 29 – 41.

[110] 张杰. 中国制造业要素配置效率的测算、变化机制与政府干预效应 [J]. 统计研究, 2016 (3): 72 – 79.

[111] 张杰, 周晓艳, 郑文平, 等. 要素市场扭曲是否激发了中国企业出口 [J]. 世界经济, 2011, 8 (27): 134 – 160.

[112] 张军, 高远, 傅勇. 中国为什么拥有了良好的基础设施? [J]. 经济研究, 2007 (3): 4 – 19.

[113] 张俊. 高铁建设与县域经济发展——基于卫星灯光数据的研究 [J]. 经济学·季刊, 2017, 16 (4): 1533 – 1562.

[114] 张克中, 陶东杰. 交通基础设施的经济分布效应——来自高铁开通的证据 [J]. 经济学动态, 2016 (6): 62 – 73.

[115] 张梦婷, 俞峰, 钟昌标. 高铁是否促进了贸易增长? [R]. 工作论文, 2019.

[116] 张梦婷, 俞峰, 钟昌标, 林发勤. 高铁网络、市场准入与企业生产率 [J]. 中国工业经济, 2018 (5): 137 – 156.

[117] 张佩. 中国的资源错配与全要素生产率 [D]. 清华大学, 2014.

[118] 张天华，张少华. 偏向性政策、资源配置与国有企业效率 [J]. 经济研究，2016 (2)：126 -139.

[119] 张学良. 中国交通基础设施促进了区域经济增长吗——兼论交通基础设施的空间溢出效应 [J]. 中国社会科学，2012 (3)：60 -77.

[120] 张学良. 中国交通基础设施与经济增长的区域比较分析 [J]. 财经研究，2007 (8)：51 -63.

[121] 张勋，万广华. 中国的农村基础设施促进了包容性增长吗？[J]. 经济研究，2016 (10)：82 -96.

[122] 张艳，唐宜红，李兵. 中国出口企业"生产率悖论"——基于国内市场分割的解释 [J]. 国际贸易问题，2014 (10)：23 -33.

[123] 章韬，孙楚仁. 贸易开放、生产率形态与企业规模 [J]. 世界经济，2012 (8)：40 -66.

[124] 章祥荪，贵斌威. 中国全要素生产率分析：Malmquist 指数法评述与应用 [J]. 数量经济技术经济研究，2008，25 (6)：111 -122.

[125] 赵奇伟，熊性美. 中国三大市场分割程度的比较分析：时间走势与区域差异 [J]. 世界经济，2009 (6)：41 -53.

[126] 赵倩，陈国伟. 高铁站区位对周边地区开发的影响研究——基于京沪线和武广线的实证分析 [J]. 城市规划，2015 (7)：50 -55.

[127] 赵伟，赵金亮，韩媛媛. 异质性、沉没成本与中国企业出口决定：来自中国微观企业的经验证据 [J]. 世界经济，2011，34 (4)：62 -79.

[128] 赵永亮. 国内贸易的壁垒因素与边界效应——自然分割和政策壁垒 [J]. 南方经济，2012 (3)：13 -22，36.

[129] 赵玉奇，柯善咨. 市场分割、出口企业的生产率准入门槛与"中国制造"[J]. 世界经济，2016 (9)：74 -98.

[130] 郑毓盛，李崇高. 中国地方分割的效率损失 [J]. 中国社会科学，2003 (1)：64 -72，205.

[131] 钟昌标. 国内区际分工和贸易与国际竞争力 [J]. 中国社会科学，2002 (1)：94 -100.

［132］周海波，胡汉辉，谢呈阳，等．地区资源错配与交通基础设施：来自中国的经验证据［J］．产业经济研究，2017（1）：100－113.

［133］周浩，余壮雄，杨铮．可达性、集聚和新建企业选址——来自中国制造业的微观证据［J］．经济学·季刊，2015，14（4）：1393－1416.

［134］周黎安．中国地方官员的晋升锦标赛模式研究［J］．经济研究，2007（7）：36－50.

［135］周文，赵方，杨飞，李鲁．土地流转、户籍制度改革与中国城市化：理论与模拟［J］．经济研究，2017（6）：183－197.

［136］朱希伟，金祥荣，罗德明．国内市场分割与中国的出口贸易扩张［J］．经济研究，2005（12）：68－76.

［137］诸竹君，张胜利，黄先海．对外直接投资能治愈僵尸企业吗——基于企业加成率的视角［J］．国际贸易问题，2018（8）：108－120.

［138］Agnosteva D，Anderson J E，Yotov Y. Intra－National Trade Costs：Measurement and Aggregation［R］. NBER Working Paper，2014.

［139］Ahlfeldt G M，Feddersen A. From Periphery to Core：Measuring Agglomeration Effects Using High-speed Rail［J］. Journal of Economic Geography，2015，18（2）：355－390.

［140］Albalate D，Fageda X. High Speed Rail and Tourism：Empirical Evidence from Spain［J］. Transportation Research Part A：Policy and Practice，2016，85：174－185.

［141］Amiti，Mary and Jozef Konings. Trade Liberalization，Intermediate Inputs and Productivity：Evidence from Indonesia［J］. American Economic Review，2007，97（5）：1611－1638.

［142］Anderson J E，and E Van Wincoop. Trade Costs［J］. Journal of Economic Literature，2004，42（3）：691－751.

［143］Au C C，Henderson J V. Are Chinese Cities Too Small?［J］. Review of Economic Studies，2006，73（3）：549－576.

［144］Balat J，Brambilla I，Porto G. Realizing the gains from trade：Export crops, marketing costs, and poverty [J]. Journal of International Economics, 2007, 78 (1): 21 -31.

[145] Baum - Snow N, Brandt L, Henderson V J, et al. Roads, railroads and decentralization of Chinese cities [J]. Decentralization, 2012.

[146] Baum - Snow N. Did Highways Cause Suburbanization? [J]. Quarterly Journal of Economics, 2007, 122 (2): 775 -805.

[147] Bernard, A B, Moxnes, A, and Saito, Y U. Production Networks, Geography and Firm Performance [J]. Journal of Political Economy, 2018, forthcoming.

[148] Bertrand M, Mullainathan S, Shafir E. A Behavioral - Economics View of Poverty [J]. American Economic Review, 2004 (94): 419 -423.

[149] Blum U, Haynes K E, Karlsson C. Introduction to the special issue The regional and urbaneffects of high-speed trains [J]. The Annals of Regional Science, 1997, 31 (1): 1 -20.

[150] Bonfatti R, Poelhekke S. From mine to coast: transport infrastructure and the direction of trade in developing countries [J]. Journal of Development Economics, 2013 (127): 91 -108.

[151] Bosker E M, Deichmann U, Roberts M. Hukou and Highways: The Impact of China's Spatial Development Policies on Urbanization and Regional Inequality [J]. Social Science Electronic Publishing, 2015.

[152] Bradsher Keith. Speedy Trains Transform China [R]. The New York Times, September 24, 2013.

[153] Brandt L, Van Biesebroeck J and Zhang Y. Creative Accounting or Creative Destruction? Firm-level Productivity Growth in Chinese Manufacturing [J]. Journal of Development Economic, 2012, 97: 339 -351.

[154] Buchan N R, and G Grimalda. Reducing social distance: The role of globalization in global public goods provision [J]. Advances in Group Processes, 2011, 28 (2): 243 -281.

[155] Bucovetsky S. Public input competition [J]. Journal of Public Economics, 2005, 89 (9-10): 1763-1787.

[156] Charnoz, P, Lelarge, C, and Trevien, C. Communication Costs and the Internal Organization of Multi-Plant Businesses: Evidence from the Impact of the French High-Speed Rail [J]. Banque de France Working Paper, 2017.

[157] Clark, X, Dollar, D, and Micco, A. Port Efficiency, Maritime Transport Costs, and Bilateral Trade [J]. Journal of Development Economics, 2004, 75 (2): 417-450.

[158] Coşar A K, and Demir B. Domestic road infrastructure and international trade: Evidence from Turkey [J]. Journal of Development Economics, 2016, 118: 232-244.

[159] Combes P, Duranton G, Gobillon L, et al. The Productivity Advantages of Large Cities: Distinguishing Agglomeration from Firm Selection [J]. Econometrica, 2012, 80 (6): 2543-2594.

[160] Combes P P, Duranton G, Gobillon L, et al. The Productivity Advantages of Large Cities: Distinguishing Agglomeration from Firm Selection [C]. Spatial Economics Research Centre, LSE, 2012: 2543-2594.

[161] Coto-Millán, P, Inglada, V, and Rey, B. Effects of Network Economies in High-speed Rail: The Spanish Case [J]. The Annals of Regional Science, 2007, 41 (4): 911-925.

[162] CV Martincus, J Carballo, A Cusolito. Routes, Exports, and Employment in Developing Countries: Following the Trace of the Inca Roads [C]. London School of Economics, 2014: 1-39.

[163] Dai M, Yu M. Firm R&D, Absorptive Capacity and Learning by Exporting: Firm-level Evidence from China [J]. World Economy, 2013, 36 (9): 1131-1145.

[164] Daniel F Heuermann, and Johannes F Schmieder. The Effect of Infrastructure on Worker Mobiliy: Evidence from High-speed Rail Expansion in Germany

[J]. NBER Working Paper, 2018.

[165] Démurger S. Infrastructure Development and Economic Growth: An Explanation for Regional Disparities in China? [J]. Journal of Comparative Economics, 2001, 29 (1): 95 - 117.

[166] Donaldson, D, and Hornbeck, R. Railroads and American Economic Growth: A "Market Access" Approach [J]. The Quarterly Journal of Economics, 2016, 131 (2): 799 - 858.

[167] Donaldson, D. Railroads of the Raj: Estimating the Impact of Transportation Infrastructure [J]. American Economic Review, 2018, 108 (4 - 5): 899 - 934.

[168] Duranton G, and M Storper. Rising trade costs? Agglomeration and trade with endogenous transaction costs [J]. Canadian Journal of Economics, 2008, 41 (1): 292 - 319.

[169] Eaton, Jonathan, and Samuel Kortum. Technology, geography, and trade [J]. Econometrica, 2002: 1741 - 1779.

[170] Ellison, G, and Glaeser, E L. The Geographic Concentration of Industry: Does Natural Advantage Explain Agglomeration? [J]. The American Economic Review Papers and Proceeding, 1999, 89 (2): 311 - 316.

[171] Faber, Benjamin. Trade Integration, Market Size and Industrialization: Evidence from China's National Trunk Highway System. Forthcoming [J]. Review of Economic Studies, 2014, 81 (3): 1046 - 1070.

[172] Fan S, Chan - Kang C. Regional road development, rural and urban poverty: Evidence from Chinap [J]. Transport Policy, 2008, 15 (5): 305 - 314.

[173] Fan S G, Kanbur R, Zhang X B. China's regional disparities: experience and policy [J]. Review of Development Finance, 2011, 1 (1): 47 - 56.

[174] Ghani E, Goswami A G, Kerr W R. Highway to Success: The Impact of the Golden Quadrilateral Project for the Location and Performance of Indian Man-

ufacturing [J]. Economic Journal, 2016, 126 (591): 317 -357.

[175] Glaeser E L, Ponzetto G A M, Zou Y. Urban Networks: Connecting Markets, People, and Ideas [J]. Papers in Regional Science, 2016, 95 (1): 17 -59.

[176] Grossman G M, Rossi - Hansberg E. Trading Tasks: A Simple Theory of Offshoring [J]. American Economic Review, 2008, 98 (5): 1978 -1997.

[177] Gutiérrez, J, Gonzάlez, R, and Gomez, G. The European High speed Train Network: Predicted Effects on Accessibility Patterns [J]. Journal of transport geography, 1996, 4 (4): 227 -238.

[178] Harris C D. The Market as a Factor in the Localization of Industry in the United States [J]. Annals of the Association of American Geographers, 1954, 44 (4): 315 -348.

[179] Heckman, J J. Sample Selection Bias as ASpecification Error [J]. Econometrica, 1979, 47 (1): 153 -161.

[180] Helpman, Elhanan. The size of regions. In: Topics in Public Economics: Theoretical and Applied Analysis [J]. Topics in public economics, 1998: 33 -54.

[181] Helpman, E, P R Krugman. Market Structure and Foreign Trade: Increasing Returns, Imperfect Competition and the Integration Economy [M]. London: IT Press, 1985.

[182] Holl A. Manufacturing Location and Impacts of Road Transport Infrastructure: Empirical Evidence from Spain [J]. Regional Science and Urban Economics, 2004, 34 (3): 341 -363.

[183] Hornung E. Railroads and Growth in Prussia [J]. Journal of the European Economic Association, 2015, 13 (4): 699 -736.

[184] Hsiao, C, Ching, H S, & Wan, S K. A panel data approach for program evaluation—Measuring the benefits of political and economic integration of Hong Kong with mainland China [J]. Journal of Applied Econometrics, 2012, 27

(5): 705 -740.

[185] Jin F, Jiao J, Qi Y, et al. Evolution and geographic effects of high speed rail in East Asia: An accessibility approach [J]. Journal of Geographical Sciences, 2017, 27 (5): 515 -532.

[186] Ke X, Chen H, Hong Y, et al. Do China's High-speed-rail Projects promote Local Economy? New Evidence from A Panel Data Approach [J]. China Economic Review, 2017, 44: 203 -226.

[187] Li C, Gibson J. "Rising Regional Inequality in China: Fact or Artifact?". World Development, 2013, 47 (7): 16 -29.

[188] Lin Y. Travel Costs and Urban Specialization Patterns: Evidence from China's High Speed Railway System [J]. Journal of Urban Economics, 2017, 98: 98 -123.

[189] Li, Z, and Xu, H. High -Speed Railroad and Economic Geography: Evidence from Japan [J]. Adb Economics Working Paper, 2016.

[190] Loecker J D. Do Exports Generate Higher Productivity? Evidence from Slovenia [J]. Journal of International Economics, 2004, 73 (1): 69 -98.

[191] Martincus C V, Carballo J, Cusolito A. Roads, exports and employment: Evidence from a developing country [J]. Journal of Development Economics, 2017, 125: 21 -39.

[192] Masson S, Petiot R. Can the High Speed Rail Reinforce Tourism Attractiveness? The Case of the High Speed Rail between Perpignan (France) and Barcelona (Spain) [J]. Technovation, 2009, 29 (9): 611 -617.

[193] Mohino I, Loukaitou -Sideris A, Urera J M, et al. Impacts of High -Speed Rail on Metropolitan Integration: An Examination of London, Madrid and Paris [J]. Urban Transport of China, 2016, 19 (3 -4): 306 -334.

[194] Monzón A, Ortega E, López E. Efficiency and Spatial Equity Impacts of Highspeed Rail Extensions in Urban Areas [J]. Cities, 2013 (30): 18 -30.

[195] Perl A D, Goetz A R. Corridors, Hybrids and Networks: Three Global

Development Strategies for High Speed Rail [J]. Journal of Transport Geography, 2015, 42: 134 -144.

[196] P Hall. Urban and Regional Planning (Fourth Edition) [M]. Routledge, London, 2002.

[197] P Krugman. Scale Economies, Product Differentiation, and The Pattern of Trade [J]. American Economic Review, 1980, 70 (5): 950 -959.

[198] Poole, J P. Business Travel as An Input to International Trade [J]. Job Market Paper of University of California, Santa Cruz, 2013.

[199] P R Krugman, Increasing Returns and Economic Geography [J]. Journal of Political Economics, 1991, 99: 483 -499.

[200] Qin Yu. "No county left behind?" The Distributional Impact of High-speed Rail uUpgrades in China [J]. Journal of Economic Geography, 2017, 17: 489 -520.

[201] Redding, S J, and Turner M A. Transportation Costs and the Spatial Organization of Economic Activity [M]. Handbook of Regional and Urban Economics. Elsevier B. V. 2015, 5 (8): 1339 -1398.

[202] Restuccia D, Rogerson R. Policy distortions and aggregate productivity with heterogeneous establishments [J]. Review of Economic Dynamics, 2008, 11 (4): 707 -720.

[203] Rietveld P, Bruinsma F R, Delft H T V. Economic Impacts of High Speed Trains. Experiences in Japan and France: expectations in the Netherlands [J]. Serie Research Memoranda, 2001, 2 (1): 103 -123.

[204] Saito Y, Moxnes A, Bernard A. Production Networks, Geography and Firm Performance [J]. Discussion Papers, 2015.

[205] Sasaki K, Ohashi T, Ando A. High-speed rail transit impact on regional systems: does the Shinkansen contribute to dispersion? [J]. The Annals of Regional Science, 1997, 31 (1): 77 -98.

[206] Shaw, S L, Fang, Z, Lu, S, et al. Impacts of High Speed Rail on

Railroad Network Accessibility in China [J]. Journal of Transport Geography, 2014, 40: 112 -122.

[207] Staiger D, Stock J H. Instrumental Variables Regression with Weak Instruments [J]. Econometrica, 1997, 65 (3): 557 -586.

[208] Startz, M. The Value of Face-to-face: Search and Contracting Problems in Nigerian Trade [J]. Job Market Paper of Yale University, 2016.

[209] The Word Bank. Regional Economic Impact Analysis of High Speed Rail in China: Step by Step Guide [R]. World Bank Other Operational Studies, 2014.

[210] Trevor, T, and X Zhu. Trade, Migration and Productivity: A Quantitative Analysis of China [R]. Working Papers, University of Toronto, Department of Economics, 2015.

[211] Utar, H. Learning by Exporting through Access to Foreign Technical Service Markets [J]. University of Colorado, 2009.

[212] Vickerman, R. High-speed rail in Europe: Experience and Issues for Future Development [J]. The Annals of Regional Science, 1997, 31 (1): 21 -38.

[213] World Bank. Sharing Rising Incomes - Disparities in China [R]. 1997, 23: 257 -260.

[214] Xu H. Development Policies and Economic Geography in China: Transport Infrastructure and Natural Resource [D]. 博士学位論文, 日本东北大学, 2015.

[215] Xu, M. Riding on The New Silk Road: Quantifying The Welfare Gains from High-speed Railways [J]. Working paper of University of California Davis, 2017.

[216] Yamauchi F. Roads, Labor Markets, and Human Capital: Evidence from Rural Indonesia [J]. Social Science Electronic Publishing, 2014.

[217] Yang Y. Transport Infrastructure, City Productivity Growth and Sectoral

Reallocation: Evidence from China [J]. Social Science Electronic Publishing, 2016.

[218] Zheng S, Kahn M E. China's Bullet Trains Facilitate Market Integration and Mitigate The Cost of Megacity Growth [J]. Proceedings of the National Academy of Sciences of the United States of America, 2013, 110 (14): 1248-1253.

钟昌标，云南财经大学商学院院长，教育部长江学者特聘教授，博士生导师，主要从事开放与区域发展的理论与教学工作。